面向企业环境绩效的绿色信贷授信机制研究

吴晟　著

中国财经出版传媒集团
中国财政经济出版社

图书在版编目（CIP）数据

面向企业环境绩效的绿色信贷授信机制研究／吴晟著. --北京：中国财政经济出版社，2023.7

ISBN 978-7-5223-2258-2

Ⅰ.①面… Ⅱ.①吴… Ⅲ.①企业环境管理-信贷管理-研究-中国 Ⅳ.①F832.42

中国国家版本馆 CIP 数据核字（2023）第 094354 号

责任编辑：蔡　宾　　　　责任校对：胡永立

封面设计：陈宇琰

面向企业环境绩效的绿色信贷授信机制研究

MIANXIANG QIYE HUANJING JIXIAO DE LÜSE XINDAI SHOUXIN JIZHI YANJIU

中国财政经济出版社 出版

URL：http：//www.cfeph.cn

E-mail：cfeph@cfeph.cn

社址：北京市海淀区阜成路甲 28 号　邮政编码：100142

营销中心电话：010-88191522　编辑部门电话：010-88190666

天猫网店：中国财政经济出版社旗舰店

网址：https：//zgczjjcbs.tmall.com

北京财经印刷厂印刷　各地新华书店经销

成品尺寸：170mm×240mm　16 开　11.5 印张　183 000 字

2023 年 7 月第 1 版　2023 年 7 月北京第 1 次印刷

定价：56.00 元

ISBN 978-7-5223-2258-2

（图书出现印装问题，本社负责调换，电话：010-88190548）

本社质量投诉电话：010-88190744

打击盗版举报热线：010-88191661　QQ：2242791300

本书出版受到常州工学院物流管理国家一流专业建设项目（项目编号：31820321030）资助。

前　言

面对环境污染严重、生态系统恶化的严峻形势，银行业金融机构通过实施绿色信贷，在促进产业结构升级、化解产能过剩、助力实体经济绿色转型升级、倡导可持续发展道路的进程中发挥了积极作用。作为以金融杠杆实现环境保护的主要手段，绿色信贷受到学术界和实业界的广泛肯定，但其授信机制的有效性和可持续性还存在理论研究和支持上的不足。丰富完善绿色信贷理论体系，构建有效且可持续的绿色信贷授信机制，对于我国深入推进供给侧结构性改革，促进经济向绿色低碳可持续的发展方向转型，具有重要的理论和现实意义。

本书以环境绩效为授信目标导向，以企业生态创新为切入点，以绿色信贷为研究对象，从授信机理、授信政策、授信策略和授信模式等方面入手，研究面向企业环境绩效的绿色信贷授信机制，为银行业金融机构有效且可持续地开展绿色信贷提供政策建议。本书的主要研究工作包括：①在金融中介、可持续发展和利益相关者等理论基础上，系统性阐述绿色信贷的双属性特征，并在微观层面剖析信贷资金的绩效来源，由此提出面向企业环境绩效的绿色信贷授信机制理论框架，丰富并完善绿色信贷的理论体系。②从授信机理和授信政策两方面考察绿色信贷授信机制的有效性问题。一方面验证绿色信贷获取环境绩效的授信机理，利用结构方程模型考察绿色信贷对环境绩效的影响效应以及生态创新的中介效应，以此检验绿色信贷授信机制里生态创新渠道的有效性；另一方面验证绿色信贷授信政策对授信机制的影响，构建双重差分法模型考察授信政策对绿色信贷、生态创新、环境绩效和经济绩效的影响，以此验证授信政策引导作用的有效性，并进一步构建系统广义矩模型考察绿色信贷、生态创新、环境绩效和经济绩效之间的因果关系，以此验证绿色信贷授信政策传导路径的有效性。③从授信策略和授信模式两方面探讨绿色信贷授信机制的可持续性问题。一方面从绿色信贷内部授信策略角度保障授信机制的可持续，在构建包含银行风险调整资本回报率模型、企业贴现现金流模型和环境效费比模型的综合绩效模型基础上，采用演化博弈论方法确定维持绿色信贷演化稳定的最佳利率和授信额度；另一方面从绿色信贷外部授信模式角度保障授信机制的可持续，通过嵌入式案例研究法发现抵押担保模式和信用担保模式对绿色信贷授信机制的差异性影响，在此基础上从保障环境绩效可持续的角度构建绿色信贷的授信模式方案。

本书的主要研究结论包括：①绿色信贷获取环境绩效的生态创新渠道在统计学上是显著有效的，将企业生态创新作为绿色信贷授信对象，可以获得双重外部性效应。绿色信贷对环境绩效的直接效应在统计学上不显著，间接效应正向显著，属于完全中介效应；对经济绩效的直接效应正向显著，间接效应也正向显著，属于部分中介效应。生态创新在绿色信贷和环境绩效及经济绩效之间具有中介作用，中介效应在统计学上正向显著。②现有绿色信贷授信政策无法有效引导信贷资金投入生态创新，对环境绩效的政策传导作用在统计学上并不显著。实证研究发现，现有的授信政策对两高一剩企业的外部融资具有显著负面影响，但对其生态创新投入、经济增长和能源消费的影响在统计学上并不显著，而且授信政策影响的延续效应呈现出随时间减弱趋势。外部融资与生态创新投入的双向因果关系在统计学上显著，生态创新投入对经济增长和能源消费的单向因果关系同样得到证实，以缩紧授信敞口为主的授信政策无法有效发挥对绿色信贷授信机制的推动作用。③银行业金融机构在授信过程里通过设置更大的授信额度和浮动性的贷款利率，可以保障绿色信贷授信机制的可持续，其中银行和企业的环境偏好、环境效费比率都是重要的影响因素。相比于传统信贷，绿色信贷需要扩大授信额度；贷款利率方面则存在着不确定性，当企业的环境偏好大于银行的环境偏好时，绿色信贷的贷款利率应大于传统信贷，而当银行的环境偏好大于企业的环境偏好时，绿色信贷的贷款利率应小于传统信贷。银行的环境偏好是绿色信贷存在的基础，而绿色信贷的可持续更多依赖于企业的环境偏好以及环境效费比率。④相比抵押担保模式，信用担保模式在绿色信贷的资金投向、贷前贷后的环境绩效审核等方面具有更强的引导能力和监督作用。案例研究发现，在授信审批阶段，信用担保模式可以通过信用增级有效提高信贷市场资源配置效率，以双向匹配信息缓解信息不对称，并可以通过设置以生态创新为核心的信贷配给条件，有效引导企业的信贷资金投向。在贷中和贷后阶段，信用担保模式可以利用保后检查监督企业的资金投向，并以项目前后的环境改善作为环境绩效衡量，有效避免抵押担保模式仅对环境绩效进行贷前估算的弊端。

本书的主要研究贡献包括：①从微观层面辨析绿色信贷获取环境绩效的授信机理，揭示生态创新在绿色信贷授信过程里的中介效应，考察绿色信贷授信政策影响的传导路径，在拓展绿色信贷理论体系的同时，弥补现有文献对绿色信贷微观授信机制的研究空白。②考虑到绿色信贷的双重外部性，将银行风险调整资本回报率模型和环境效费比模型有机结合，提出包含环境绩效和经济绩效的综合绩效模型，拓展多属性效用函数的应用领域，也为绿色信贷利率和授信额度的确定提供新的方法思路。③提出双轨制绿色信贷授信政策方案和“四位一体”绿色信贷授信模式，为监管机构完善绿色信贷政策指引及银行业金融机构开展绿色信贷业务提供方向参考。

作者

2023 年 7 月

目　录

第1章

绪论

1.1 研究背景

为了面对环境问题的挑战、履行自身的环境责任，秉承负责任和可持续的原则宗旨，银行业金融机构不断尝试从金融领域推动绿色经济的发展，其中绿色信贷作为最主要最直接的一种经济手段，受到广泛的关注和重视。但绿色信贷从概念提出时就处于理论冲突背景之下，时至今日依旧处于现实发展困境之中。

1.1.1 绿色信贷的理论背景

（1）环境问题的有效改善迫切需要银行的参与。为了缓解经济增长和环境恶化之间的紧张关系，1972 年在斯德哥尔摩召开的联合国人类环境会议强调了遏制全球环境恶化的必要性，并推动了联合国环境规划署（United Nations Environment Programme，UNEP）的创立，呼吁各国政府应采取一切可能步骤防止环境污染。2012 年，联合国可持续发展大会（United Nations Conference for Sustainable Development，UNCSD）强调了绿色经济在可持续发展路径的中心作用，指出绿色经济可以改善人类福祉和社会公平，同时有效降低环境风险。向绿色经济过渡的主要目标是在提高环境质量和社会包容性的同时使经济增长，在环境可持续性和经济发展之间寻求平衡[1]。尽管银行作为金融中介机构不直接排放污染物，但银行贷款与破坏自然环境的商业活动有着不可分割的联系，因此同样被视为造成环境破坏的工业活动推动者[2]。1992年，UNEP发布《金融机构关于环境和可持续发展的声明》，该声明承诺各签署银行应奉行共同的环境保护原则，在内部商业运作中采用最佳的环境管理方法，并将环境风险纳入风险评估和管理的常规检查清单，银行对环境改善的作用和重要性在国际范围得到承认。

（2）绿色信贷是银行承担环境责任的重要体现。受到行业自律[3]、非政府组织抗议[4]和政府引导[5]等多方面因素的推动，2002年国际金融公司、花旗银行、荷兰银行等9家银行针对由于贷款项目的环境负面影响给银行声誉带来的损失，提出了一个名为“赤道原则”的风险管理框架，用于确定、评估和管理项目中的环境风险，目的在于为尽职调查和监测提供最低标准，以支持负责任的风险决策。赤道原则在银行业金融机构和企业之间确立了一套信贷过程中的环境可持续性标准，由此形成绿色信贷的雏形。绿色信贷为银行提供了使环境立场成为其品牌核心价值的机会[6]，体现了银行对环境责任的担当，树立了对环境负责任的企业形象，实现了提高声誉的战略愿景[7]。全球范围内接受并推行绿色信贷的银行数量不断增多，2006年赤道原则Ⅱ启动时，采用绿色信贷的银行数量上升至41家，时至2016年数量增加为89家。2016年G20杭州峰会，绿色信贷议题被正式引入G20议程，其支持经济向绿色低碳转型的作用得到各国的广泛认可和重视。

（3）主流金融观点对绿色信贷的发展形成阻碍。主流金融观点植根于新古典主义经济学理论，认为市场是利己效用最大化的理性行为结果，金融代理人应该始终采取尽可能有效地推进其经济底线的做法[8,9]。以利润最大化为目标的金融机构，其显著特征是投资与收益率的短期视角[10]，因此在面对环境风险的挑战时，由于无法最大化获利致使开展绿色信贷的内生动力不足[11]。虽然可以通过加大对绿色项目的支持盈利，但环境责任与经济责任之间的背景冲突是不容忽视的。这种冲突不仅是银行业金融机构的业务冲突，也是学术观点中固有的根本性的冲突，即主流金融观点只从经济效率和市场生产方面衡量收益，很难解决超出经济层面之外的环境问题。作为银行业的主要标准制定者，巴塞尔银行监管委员会（Basel Committee on Banking Supervision，BCBS）于2010年提出《巴塞尔协议Ⅲ》（The Basel Ⅲ Accord）草案，进一步加强对银行业的资本和风险监管。但CISL等[12]认为，巴塞尔协议监管框架并未充分发挥绿色信贷的环境改善作用，环境问题依旧处于银行监管机构的集体盲点。

（4）完善的授信机制是绿色信贷可持续的关键。尽管绿色信贷在匹配银行战略动机方面取得了显著成功[13]，但其可持续性受到质疑，接受赤道原则和实施绿色信贷的银行依旧在为有环境影响争议的项目提供贷款资金[14]。从制度理论的观点出发，银行特征会影响其对制度压力的解释及反应方式，将环境因素融入商业实践过程中的绿色信贷可能仅仅是银行在制度环境下的形象展示[7]。从经济伦理的观点来看，防御性、预防性、攻击性和可持续性等不同类型的银行也存在差异，而目前采纳绿色信贷的银行属于预防性或攻击性的银行类别，缺乏对绿色内涵的全面理解，也还没有实现向可持续银行的转变[14]。另外，银行不愿在绿色信贷中嵌入问责机制[15]，仅仅依靠银行自愿的合规机制很难确保绿色信贷的有效实施和持续改进[4]。这些批评声音的关键，在于绿色信贷缺乏明确有效的授信机制。如果绿色信贷的授信范围只局限于项目融资，就在本质上存在着局限性，最终沦为银行为提升声誉而提出的一种最低限度的绥靖策略[15]。

1.1.2 绿色信贷的现状背景

有别于国外社会责任运动和市场机制的结果，我国的绿色信贷是由经济发展与环境破坏之间的矛盾导致政府推动的产物。尽管宏观数据显示我国的绿色信贷发展趋势向好，但依旧无法掩盖其面临的现实困境。

（1）呈现出授信规模的扩大化趋势。早在1995年，银发［1995］24号文件就要求各级金融部门在信贷工作中落实国家环境保护政策。发改产业［2004］746号和国发［2005］39号文件的颁布，明确指出要求控制信贷资金流入低水平盲目扩张行业，并对不符合国家产业政策和环保标准的企业停止信贷。银监发［2006］47号文件要求采取区别对待的信贷政策，严格控制新建高耗能、高污染项目。2007年，银发［2007］215号、环发［2007］108号、银监办发［2007］161号和银监发［2007］83号等多项文件的出台，标志着绿色信贷的全面正式启动。随后有关部门又出台了一系列进一步完善绿色信贷的政策性文件。特别是2009年环办［2009］77号文件，让环保部门和金融部门建立了信息交流共享机制，明确了信息交换的范围、时限和方式，使绿色信贷政策的推进步伐得以加快。2012年，下发的银监发［2012］4号文件对银行业金融机构实施绿色信贷做出了具体的规范要求，明确了绿色信贷的支持方向和重点领域，对国家重点调控的限制类以及有重大环境和社会风险的行业制定专门的授信指引。2013 年的银监办发［2013］185 号文件要求银行业金融机构进行制度化的绿色信贷数据统计。2018 年，中国银监会公布了2013 年6 月至2017 年6 月国内21 家主要银行①的绿色信贷数据。绿色信贷余额从 2013 年 6 月的 48, 526. 84 亿元到 2017 年 6 月的 82, 956. 63 亿元，呈现明显上升趋势。绿色信贷余额的平均半年增速为6. 97%，其中，最高半年增速为 2017 年上半年的 10. 54%，最低半年增速为 2016 年下半年的 3. 32%，也反映出绿色信贷的授信规模具有扩大趋势。

(2) 呈现出统计数据的偏差性特征。21 家主要银行中，除了国家开发银行、中国进出口银行、中国农业发展银行三家政策性银行，还没有上市的广东发展银行、恒丰银行、渤海银行以及数据过少的浙商银行、中国邮政储蓄银行、兴业银行、民生银行之外，剩下 11 家银行的贷款余额变化如图 1－1 所示。

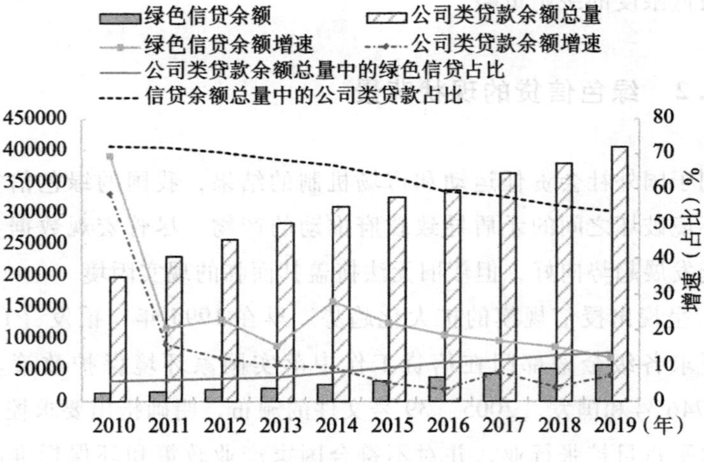

图 1－1　11 家银行信贷余额变化

注：数据来源于 11 家银行 2010—2019 年的年度报告和社会责任报告。

将 11 家银行绿色信贷余额与银监会公布的 2013 年至 2016 年年底的统计量进行对比，11 家银行的数据总量平均占比为 42. 63%，基本可以反映中国银行业金融机构在绿色信贷实际操作层面的现状。2010—2019 年，11 家银行

① 21 家主要银行机构包括：国家开发银行、中国进出口银行、中国农业发展银行、中国工商银行、中国农业银行、中国银行、中国建设银行、交通银行、中信银行、中国光大银行、华夏银行、广东发展银行、平安银行、招商银行、浦东发展银行、兴业银行、民生银行、恒丰银行、浙商银行、渤海银行和中国邮政储蓄银行。

的信贷余额总量从 270,669.02 亿元上升到 749,886.24 亿元，年均增速为 12.01%，其中，公司类贷款余额从 195,556.07 亿元上升到 401,972.05 亿元，年均增速为 8.40%。但是，公司类贷款在银行业金融机构贷款业务中的占比逐年下降，从 2010 年的 72.25%降到 2019 年的 53.60%，反映出银行业金融机构在开展信贷业务时，重心逐渐从公司类贷款转向零售类贷款。公司类贷款中的绿色信贷余额具有上升趋势。从 2010 年的 11,412.02 亿元，到 2019 年的 54,472.79 亿元，绿色信贷余额保持着年均 19.05%的增速。虽然历年绿色信贷余额的增速都显著大于公司类贷款余额的增速，但是绿色信贷余额的增速表现出和公司类贷款余额增速相似的递减变化趋势，即从 2010 年的 69.34%降到 2013 年的 15.45%，2014 年上升到 27.86%之后，又开始逐年降低。另外，绿色信贷在公司类贷款中的占比从 2010 年的 5.84%上升到 2019 年的 13.55%，表现出明显的上升趋势，但还不是公司类贷款中的主导。在 11 家银行中，除了报告 12 类项目的绿色信贷余额之外，还报告了两高一剩行业信贷余额数据的有 4 家银行，分别是平安银行、招商银行、浦东发展银行和中信银行。由于我国的绿色信贷政策分为两部分，其一是对三大领域 12 类项目的授信支持；其二是对两高一剩行业的授信限制。因此，4 家银行绿色信贷余额和两高一剩行业贷款余额的对比如图 1-2 所示。

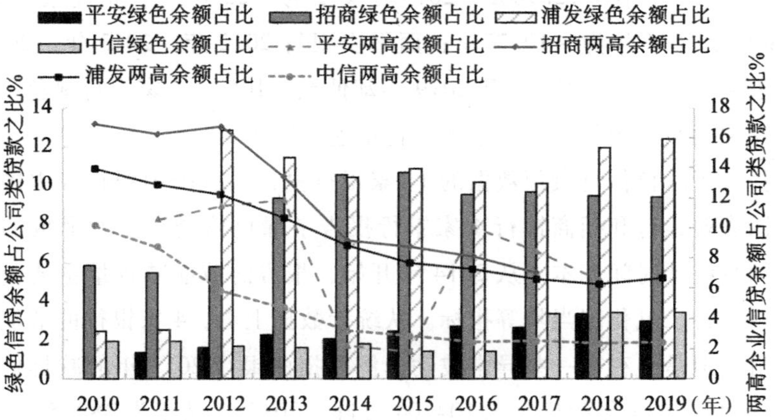

图 1-2 4 家银行绿色信贷余额和两高一剩行业贷款余额的对比

注：数据来源于 4 家银行 2010—2019 年的年度报告和社会责任报告，个别数据缺失。

4 家银行绿色信贷余额在公司类贷款中的占比总体上呈现出波动上升趋势。相对而言，占比较低的中信银行从 2010 年的 1.83%上升到 2019 年的 3.33%，平均占比为 2.12%；占比较高的是浦东发展银行，从 2010 年的

2.37%上升到2019年的12.30%，平均占比为9.41%。而两高一剩行业贷款方面，除了平安银行的两高一剩行业贷款余额在公司类贷款中的占比数据存在异常波动，其他3家银行两高一剩行业贷款余额在公司类贷款中的占比都呈现逐年下降的趋势，相对而言，占比较低的中信银行从2010年的10.13%降低到2019年的2.38%，平均占比为4.49%；占比较高的招商银行，从2010年的16.89%降低到2017年的6.99%[①]，平均占比为12.01%。从图1-2中可以看到，4家银行在2010—2013年，两高一剩行业在公司类贷款中的占比普遍远高于绿色信贷占比，但在2013年之后，两者的差距大幅缩小，甚至招商银行从2014年开始，浦东发展银行从2012年开始，绿色信贷余额占比大于两高一剩行业信贷余额占比。

进一步分析4家银行绿色信贷余额占比的增速和两高一剩行业贷款余额占比的增速，可以看到，除了平安银行的数据波动异常之外，其他3家银行的两高一剩行业贷款余额占比增速较为平缓，波动较大的个别数据有招商银行2013年的-19.88%和2014年的-31.81%，浦东发展银行2014年的-17.26%，中信银行2012年的-33.22%，2013年的-19.55%和2014年的-32.85%。绿色信贷余额占比增速的变化则显得波动更为频繁。浦东发展银行的绿色信贷余额占比增速在2012年高达422.3157%；中信银行2012年为-10.97%，2014年为12.90%，2015年又变为-22.63%；招商银行2013年为61.84%，2016年为-10.77%；而平安银行2012年、2013年、2015年和2018年都超过20%，2014年和2019年却低至-10%。4家银行绿色信贷余额占比增速和两高一剩行业贷款余额占比增速如图1-3所示。

在报告了绿色信贷余额数据的11家银行里，只有中国银行、中国建设银行、中国农业银行和招商银行4家银行报告了绿色信贷贷款所形成的节能减排量，而且统计时间基本上从2014年开始，报告的节能减排量主要包括减排标准煤、减排二氧化碳当量等指标。从统计数据上看，4家银行的节能减排量比较平滑，但是也存在一些异常波动，例如招商银行2013年的减排标准煤为312.54万吨，2014年激增至4,104.04万吨，2015年又变为389.55万吨。每万元绿色信贷贷款所形成的节能减排量呈现递减趋势。4家银行的平均每万元绿色信贷贷款所形成的减排标准煤从2014年的0.72吨/万元降至2019年的0.31吨/万元，年均减少率为14.09%。平均每万元绿色信贷贷款所形成的减

① 招商银行2018年和2019年的社会责任报告里都没有两高一剩行业的贷款数据。

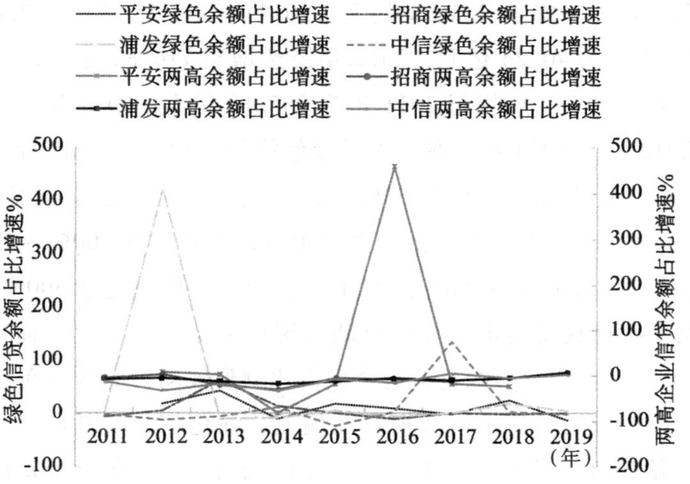

图 1－3　4 家银行绿色信贷余额占比增速和两高一剩行业贷款余额占比增速

注：数据来源于 4 家银行 2010—2019 年的年度报告和社会责任报告，个别数据缺失。

排二氧化碳当量从 2014 年的 0.95 吨/万元，降至 2019 年的 0.66 吨/万元，年均减少率为 6.84%。4 家银行绿色信贷贷款所形成的节能减排量如图 1－4 所示。

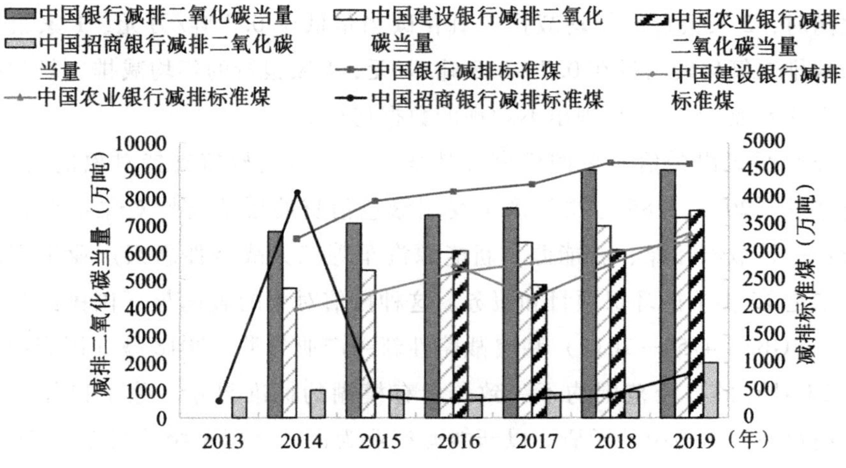

图 1－4　4 家银行绿色信贷贷款所形成的节能减排量

注：数据来源于 4 家银行 2013—2019 年的社会责任报告，个别数据缺失。

从以上统计可以看到，各大银行报告绿色信贷余额的时间序列并不平滑，往往出现数据波动异常的情况。中国农业银行 2012 年的绿色信贷余额为

1,522亿元，2013年降至733.98亿元，2014年又急剧增至4,724.47亿元。光大银行2011年为40.26亿元，2012年突然增至716.82亿元，2013年又降为319.4亿元。浦东发展银行2011年为255.16亿元，2012年增至1,503.59亿元。从2012年到2019年，在报告了绿色信贷余额数据的11家银行里，增长率最低的是光大银行的26.53%，增长率最高的是中国农业银行的682.52%。增长率在100%以下的有2家银行，增长率在100%~200%的有3家银行，增长率在200%~300%的有4家银行，增长率超过300%的有2家。绿色信贷余额统计数据的不规律性反映出统计数据存在偏差，而这种偏差也是图1-3中公司类贷款中绿色信贷余额占比剧烈波动的原因所在。

除了绿色信贷余额的统计数据存在偏差，绿色信贷贷款所形成的节能减排量也存在偏差性。从纵向上比较，中国工商银行的减排二氧化碳当量在2014年和2015年都保持在1吨/万元以上，而从2016年开始突然降低为0.75吨/万元，降低率到达25.07%。招商银行的减排标准煤从2014年到2018年都在0.24吨/万元上下波动，而在2019年突增至0.46吨/万元，增长率达到81.58%，同时，减排二氧化碳当量在2019年的增长率达到95.31%。从横向上比较，1家银行的年均减排标准煤低于0.3吨/万元，2家银行的年均减排标准煤在0.3~0.4吨/万元，1家银行的年均减排标准煤大于0.4吨/万元；与此同时，2家银行的年均减排二氧化碳当量低于0.7吨/万元，1家银行的年均减排二氧化碳当量在0.7~0.8吨/万元，1家银行的年均减排二氧化碳当量大于0.8吨/万元，呈现出不均衡的数据特征。

（3）呈现出授信对象的模糊性特征。一方面是授信支持对象的模糊性。银监办发［2013］185号文件规定我国绿色信贷的授信支持对象主要包括两部分：一是节能环保、新能源、新能源汽车等三大战略性新兴产业生产制造端；二是12类节能环保项目和服务。这种授信对象的表述与《国民经济行业分类》（GB/T 4754—2017）和《战略性新兴产业分类（2018）》（国家统计局令第23号）的口径范围均不一致，具有模糊的标准界定。除了口径的不一致，还存在授信指引的矛盾。以新能源产业为例，在国家统计局令第23号文件中属于新能源产业的核力发电（国民经济行业代码4414），按照银监办发［2013］185号文件应该属于绿色信贷政策支持的授信对象。但在银监办发［2014］186号文件里，核力发电又被列为有可能严重改变环境且产生不良环境后果的客户，属于敞口限制的对象。更为明显的是对节能环保界定的模糊性和矛盾性。银监办发［2013］185号文件中节能环保产业生产制造端的描述，与 12 类节能环保项目里面的工业节能节水环保、资源循环利用、垃圾处理及污染防治和节能环保服务等项目的界定存在大量的交叉重合。虽然银监办发［2013］185 号文件只要求统计 12 类节能环保项目的贷款情况，但对三大战略性新兴产业生产制造端的贷款要求没有进行明确的说明解释。另外，国家统计局令第 23 号文件节能环保产业中的工业固体废物、废气、废液回收和资源化利用（代码 7. 3. 3），包含的炼焦（国民经济代码 2521）和轮胎制造（国民经济代码 2911）等行业，都在银监办发［2014］186 号文件里被列入授信限制的行业参考目录清单。

另一方面是授信限制对象的模糊性。对两高一剩行业实施授信限制是绿色信贷政策的一个重要内容，但是其限制对象一直存在着模糊性。虽然环发［2007］108 号文件作为绿色信贷政策起始的第一份重要文件，要求银行与环保部门紧密联系，对污染企业采取信贷控制措施。但是银监办发［2007］161 号文件提及要严控对两高一剩行业的贷款审批，由此绿色信贷政策的限制对象变为两高一剩行业。银发［2009］386 号、银监发［2012］4 号和银监办发［2014］186 号文件都延续了以行业划分为标准的绿色信贷政策。然而，只有银监办发［2014］186 号文件明确列出了两高一剩行业的目录清单。这就导致银行在执行绿色信贷政策时，对两高一剩行业的界定存在模糊性。截至 2019 年，受银行绿色信贷政策控制的两高一剩行业最常见的是电力、焦炭、钢铁、水泥、平板玻璃、煤化工等行业[①]，但是这些行业与银监办发［2014］186 号文件列出的 29 个四位数行业存在明显差异。另外，从横向比较，中国农业银行将风电和光伏等行业列入受限名单，而中国银行将风电和光伏列入信贷支持目录。从纵向比较，光大银行在 2009—2012 年的受限行业有 6 个行业，而 2012 年开始只有 4 个，少了煤化工和电石行业；兴业银行 2011 年有 15 个受限行业，2012 年为 8 个，2014 年又变更为 12 个。

1.2　研究问题、目的及意义

绿色信贷是实现金融稳定增长和环境可持续发展的双赢解决方案，但在

---

① 资料来自浦东发展银行、华夏银行、光大银行、中信银行、兴业银行和中国农业银行的社会责任报告。

理论层面还缺乏绿色信贷与环境改善之间的机理解释，在实践层面还存在着模糊性的授信对象，这些问题导致绿色信贷授信机制缺乏有效性和可持续性，从而严重阻碍绿色信贷的可持续发展。在此背景下，本书从微观层面探讨面向企业环境绩效的绿色信贷授信机制。

1.2.1 研究问题

本书要解决的主要问题是绿色信贷授信机制的有效性和可持续问题。绿色信贷授信机制的有效性问题包含两个子问题：其一是授信机制的授信目的有效性问题；其二是授信机制的政策引导有效性问题。绿色信贷授信机制的可持续问题也包含两个子问题：其一是授信机制的内部策略可持续问题；其二是授信机制的外部模式可持续问题。各研究问题之间的关联性如图 1－5 所示。

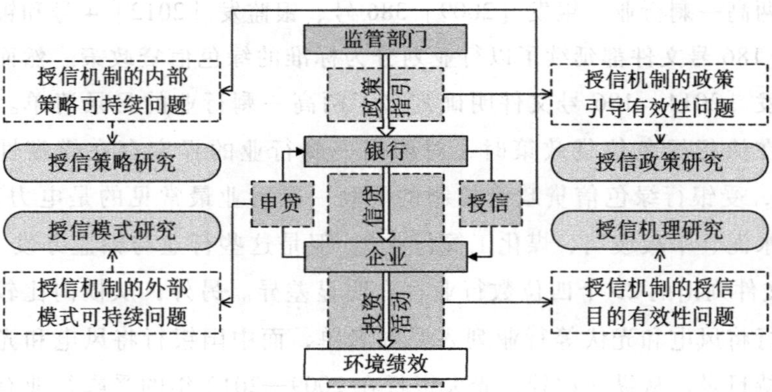

图 1－5 研究问题的关联性框图

（1）授信机制的授信目的有效性问题。绿色信贷授信机制能否达到预期的授信目的，是衡量授信机制有效性的关键。区别于传统信贷单一的经济绩效授信目的，绿色信贷需要通过授信机制实现环境和经济的双重外部性，因此绿色信贷授信机制的授信目的有效性问题，其本质就是银行的绿色信贷通过企业的投资活动获得环境/经济绩效的授信机理问题。

（2）授信机制的政策引导有效性问题。由于我国银行业金融机构的信贷业务受央行调控和银监会监管，绿色信贷的授信政策指引主要依据银监发［2012］4 号文件，授信政策对信贷资金投向和所产生的绩效具有重要的引导作用，因此绿色信贷授信机制的政策引导有效性问题，就是绿色信贷授信政策指引对信贷资金投向和环境/经济绩效的影响问题。

(3) 授信机制的内部策略可持续问题。利率和授信额度是授信过程里的重要参数，在对银行信贷业务产生影响的同时，也会显著影响到企业对不同类型投资活动的选择。从可持续性的角度，通过设置最佳利率和授信额度，应该使银行开展绿色信贷与企业选择可获得环境绩效的投资活动达到均衡，因此绿色信贷授信机制的内部策略可持续问题，就是银行与企业在不同选择策略之间的博弈问题。

(4) 授信机制的外部模式可持续问题。企业在申贷过程里可以选择抵押担保或信用担保等不同的授信模式，而不同的授信模式对信贷资金投向以及环境绩效审核具有差异性影响，因此绿色信贷授信机制的外部模式可持续问题，就是为保障企业将绿色信贷资金用于能够获取环境绩效的投资活动，从可持续角度对授信模式的优化问题。

1.2.2 研究目的

本书主要的研究目的，是构建有效且可持续的绿色信贷授信机制，为银行业金融机构开展绿色信贷提供理论参考和业务指引。实现该研究目的的关键，在于从理论上明确绿色信贷的内涵，并通过构建系统性的绿色信贷授信机制框架，为银行业金融机构更有效更持续的开展绿色信贷提供切实可行的政策建议。因此，结合上述研究问题，本书的子研究目的包括：揭示银行绿色信贷与企业生态创新的耦合关系，发现绿色信贷、企业生态创新与环境绩效之间的作用机理；评估绿色信贷授信政策的影响效应，识别授信政策的传导路径和影响机制；探讨绿色信贷授信机制的内部策略选择，揭示绿色信贷与生态创新可持续的最佳利率和授信额度条件，辨识影响绿色信贷和生态创新演化稳定的关键因素；以及解析抵押担保模式与信用担保模式对绿色信贷资金投向引导机制和对环境绩效监督机制的差异性影响。

1.2.3 研究意义

本书针对绿色信贷授信机制的有效性和可持续性问题，从授信机理、授信政策、授信策略和授信模式等方面构建了面向企业环境绩效的绿色信贷授信机制，具有重要的理论意义和实践意义，具体表现为以下几点：

(1) 通过对绿色信贷的双重外部性来源进行理论解释，揭示绿色信贷、生态创新与环境绩效的耦合关系，解析绿色信贷获取环境绩效的微观路径，发现生态创新渠道的中介效应，弥补现有文献对绿色信贷授信机制研究的不足，为构建有效且可持续的绿色信贷授信机制奠定理论基础，在扩展和深入绿色信贷理论研究成果的同时，也推动了企业生态创新理论的发展。

(2) 通过评估绿色信贷授信政策对生态创新渠道的影响效应，从微观的授信机制层面揭示授信政策影响的传导路径，不仅在理论上对绿色信贷授信政策的环境绩效影响效果进行解释，同时也为银监会完善绿色信贷授信政策指引提供新的思路方向。

(3) 针对绿色信贷的双重外部性特点，构建包含环境绩效和经济绩效的综合绩效模型，探究银行和企业在不同情景下的内部策略，发现保障绿色信贷和生态创新演化稳定的最佳利率和授信额度，识别银行和企业的环境偏好及环境效费比率等关键因素对绿色信贷可持续性的影响，并进一步发现信用担保模式在信贷资金投向上具有的引导作用和在环境绩效上具有的监督功能，不仅在理论上拓展了绿色信贷可持续性的研究深度，同时也为银行业金融机构开展绿色信贷业务提供了方法参考和政策建议。

1.3 理论基础与文献综述

本节包括两个方面：其一是对相关理论基础进行回顾，为后续研究工作提供理论依据；其二是对国内外文献进行综述，确定本书的研究逻辑方向。

1.3.1 理论基础

首先回顾银行业金融机构最核心的金融中介理论，继而回顾绿色信贷最主要的两个支撑理论：可持续发展理论和利益相关者理论，最后回顾了生态创新理论，以此作为本书授信机制研究的理论依据。

1. 金融中介理论

作为存款者和借款者之间的金融中介，银行履行的最基本职能是吸收存款和发放贷款，并进行优质资产转换。虽然金融中介的地位和作用受到一些批判，例如在早期的凯恩斯经济理论和以一般均衡模型为基础的货币理论看来，银行并不能在一个资源配置达到帕累托效率的完美市场里创造任何价值。MM定理与真实商业周期模型也都有类似于金融中介无用的结论[17]。但是遍观整个经济发展的历程，银行一直在金融市场里扮演着核心角色，其金融中介机构的角色和地位始终受到肯定。规模经济是金融中介存在的经济学理由，金融中介的出现源于银行在信息获取及交易监督上的比较优势，Chant[18]更进一步地从信息经济学和交易成本经济学的角度将金融中介理论分为新旧学说，为银行的多样性业务活动提供了理论解释。从20世纪60年代末到70年代初，高通货膨胀和高失业率的现实让凯恩斯主义的IS－LM模型受到强烈的质疑，将产出与价格水平和通货膨胀联系起来的货币主义理论开始成为主流。Barro等[19]强调利率是信贷价格和持有货币的机会成本，而货币价格是价格水平的倒数，货币不能通过利率直接影响产出。因而在证明了IS－LM模型的不完善之后，货币主义理论的研究目光从利率—产出关系上转移。但是，借贷利率并不能充分反映货币供应，也不能解释通货膨胀下的总产出，而且伴随着金融创新，银行通过发行多样化的金融衍生品不断向资本市场靠拢，对金融环境、交易成本、不对称信息、道德风险和逆向选择等问题的研究结论都在不同程度上反映着金融中介存在的理由[20]。

（1）货币政策与金融中介。货币政策是市场经济中最重要的宏观经济政策之一，是稳定价格、抑制通货膨胀及储备外汇的有效手段。在对价格水平和实际产出赋予权重的基础上，Taylor[21]提出的具有代表性的政策规则已成为发达经济体和新兴经济体中央银行制定货币政策的流行评估方法。虽然有考虑汇率、资产价格、货币总量等不同金融变量的扩展版本，但是通过对利率和信贷量的调控来影响产出和价格，是货币政策里最被肯定的Taylor规则。货币政策对实体经济的传导机制会由于金融变量的不同而在渠道上呈现差异。货币传导机制的信贷渠道则由银行贷款和资产负债表两个子渠道组成[22]。在银行贷款渠道下，扩张性货币政策增加银行准备金和银行存款，通过银行信贷敞口的扩大增加投资支出和最终产出。而资产负债表渠道则是信贷市场信息不对称的产物。扩张性货币政策增加货币存量，导致股票价格上升，增加企业的净资产，从而使投资支出增加。凯恩斯主义通过货币传导机制解释中央银行，也就是货币政策的制定部门，与实体企业存在的间接联系。货币主义则认为当货币流通速度恒定时，中央银行与实体企业之间存在着直接联系，货币政策的变化将直接影响经济增长。虽然货币主义关于国民收入变化完全由货币供应量变化导致的观点，受到凯恩斯主义的强烈反对，但是信贷的严重收缩会引发经济衰退已成为共识。尽管货币政策对经济增长的影响尚无定论，但无论是凯恩斯主义的货币传导机制，还是货币主义的理论观点，都需要面对经济交换由信贷和私人债权推动的现实。银行在货币政策与实体经济之间发挥的金融中介作用是不容忽视的。

(2) 风险管理与金融中介。由于竞争、创新和监管，金融中介的组成和结构发生了巨大的变化，已逐渐从传统的以存款为基础过渡到以市场为基础。以商业银行为代表的传统中介机构，从家庭吸收存款，向需要资金的经济主体发放贷款，而以投资银行和证券公司为代表的市场中介机构则严重依赖市场借贷渠道[23]。相比传统中介机构，市场中介机构的资产负债表波动性更大。在资产繁荣时期，市场中介机构比传统中介机构拥有更多的杠杆，而在资产破产时期，它们更多地降低投资组合的杠杆[24]。这种资产负债表行为转化为更大的中介机构特有风险，因此在交易成本和信息不对称的基础上，风险管理成为金融中介理论的核心研究方向。金融中介机构是通过交易金融资产，从事金融风险业务。Merton[25]将金融中介机构的固有风险分为商业实践可以消除或避免的风险、可以转移给其他参与者的风险以及需要企业积极管理的风险等三类。针对前两类风险，金融中介机构采用承销标准、尽职调查和投资组合多样化等风险规避行为，以及通过对冲活动最小化风险损失。只要资产的金融风险能够为市场所理解，金融中介机构可以轻易地以公平的市场价值在公开市场上出售。至于第三类，是由企业的资产或活动造成的金融固有风险。企业层面的风险使金融交易或契约关系具有多个特征。例如，股权所有者拥有不能被投资者交易或对冲的债权；内嵌风险的活动具有复杂性，也难以向非企业的利益方透露；由于存在道德风险，将风险管理加入标准操作程序符合利益相关者的利益[26]。因此金融中介机构会对企业经营活动的风险进行监控，这是由金融中介机构在金融市场上的特许经营业务的性质所决定。

(3) 资源配置与金融中介。银行通过借短贷长创造流动性。与其他的金融中介机构不同，银行将资金从盈余单位引向赤字单位，调和借款者和存款者的不同需要，将小额、低风险和流动性高的存款转变为规模大、风险高和流动性差的贷款[27]。从资金的供给和需求来看，对贷款的需求取决于企业的投资需求。银行从事的在借款者和存款者之间分配资金的工作，直接影响到整个社会的资金资源配置[28]。对银行来说，竞争性源自外生利率和最大化利润。对企业而言，信贷额度的变化会导致内部资金存量的调整。利率的变动通过影响投资活动而产生实际影响。在完全信息的情况下，由于中介机构存在运作成本，企业外部资金和内部资金之间的转移以及货币基础的临时变化都会导致实际利率和产出的变动。而在不完全信息情况下，由于存在白噪声的干扰，可能会将永久性的冲击误认为暂时性的冲击，因此同样会产生实际影响。

2. 可持续发展理论

1987 年，WCED 提出了可持续发展的概念。《我们共同的未来》（Our Common Future）将可持续发展定义为既满足当前需要，又不损害后代满足其自身需要的能力的发展。这一定义与早期对自然资源及其生态系统的理解有关，同时还涉及代际公平的概念。

（1）可持续发展理论的基本观点。可持续发展是一门包含社会、经济和环境三个维度的交叉理论。社会可持续性指的是缩减贫富差距，实现良好的社会福利。经济可持续性是指以可持续的速度消耗世界上的自然资源，使其进入生产系统并提供经济效益。环境可持续性指的是保存和维持地球上存在的生命形式，尽量减少对环境的负面影响[29]。传统经济发展是高消费、高投入、高污染的发展模式，是不可持续的生产和消费模式。这种模式导致了自然资源的过度消耗以及环境系统的恶化，例如人口密集地区、工业和集约化农业造成的水污染，汽车、燃煤电厂和工业造成的空气污染，危险固废物的积累等。可持续发展理论彻底改变了传统的发展观和思维方式，对环境无害的经济增长成为现实的必要[30]。2015 年，《2030 可持续发展议程》宣布了 17 项可持续发展目标和 169 个具体目标，这些目标涵盖了一系列主题，为可持续发展作为经济、社会和环境的挑战提供了更广泛的理解和认知。为了保护和加强环境系统的生产和更新能力，需要寻求一个最佳的生态系统使人类的生存环境可持续。尽管弱可持续性认为自然资本可以被人造资本替代，但是倾向于使用先进技术来调节资源摄入，并为下一代以绝对形式保存自然资本的强可持续性理论更具可接受性[31]。

（2）绿色信贷与可持续发展理论。可持续性作为一种社会现象，从 20 世纪 80 年代开始逐渐进入经济管理领域，被称为企业社会责任[32]。Kakabadse 等[33]对企业社会责任概念的发展进行了广泛的历史回顾，并描述了核心元素。在金融学科中，金融市场通过金融机构将家庭储蓄与实体经济市场中的商业理念相联系，但可持续发展的过程主要是由需求驱动的[34]，当前对可持续性的要求与金融体系运作方式之间就存在着矛盾[35]。传统的金融方法是理性和直观的，其分析建立在完全理性的人类行为基础上。可持续概念的引进，将对经济行为主体的假设从完全理性扩展到有限理性，从自私扩展到有限自私，拓宽了新古典均衡模型之外的研究视野。Lagoarde - Segot[36]是一种改变认识的社会本体论。作为企业社会责任和社会责任投资之间的纽带，可持续金融是世界范围私有化进程和各国政府为实现社会变革而进行经济改革过程中的一个工具[37]。绿色信贷作为可持续金融的重要组成部分，和传统信贷的区别在于其内涵以可持续性为特征。可持续性有两种理解，其一是财务的长期稳定，其二是可持续的资源使用[38]。理解的差异导致研究的出发点和目标有很大的不同。传统金融中的可持续性通常用可持续增长率或可持续股息来描述。可持续增长率是指企业在保持盈利能力和财务政策不变的情况下能够实现增长的速度[39]，以股东财富来衡量。从财务的角度也可以认为可持续性是指为所有者和股东制定的稳定的经营政策和稳定的财务政策[40]，这种认识与新古典主义对经济主体行为的假设是一致的。与传统信贷类似，绿色信贷也需要通过减少信贷风险、合理的信贷供给和分配、有效的监管等措施实现财务的长期稳定。为了实现可持续发展的战略目标，银行不仅需要处理与客户、员工、股东和政府等主要利益相关者的关系，还需要处理与媒体和其他非政府组织等次要利益相关者的关系[41]。跨越企业边界，利益相关者理论的利他主义动机不仅在环境法规和企业社会责任之间创造了一种积极的关系，而且还鼓励企业之间的合作，进而增强对市场风险的抵抗力[42]。

3. 利益相关者理论

企业处于不同利益相关者组成的关系网络之中。Freeman[43]定义利益相关者是任何能够影响组织或受组织影响的团体或个人。因为利益相关者之间存在共同利益，企业的关键任务就是通过协调不同利益相关者的偏好，建立一个特定的目标，将商业决策与伦理道德相整合，利用业务活动为利益相关者创造价值[44]。

（1）利益相关者显著性框架。在 Mitchell 等[45]的利益相关者显著性框架里，权力、合法性和紧迫性三种企业能够感知的利益相关者属性，被用于确定利益相关者的显著性，并对其进行优先排序。这三个属性被认为是组织战略制定[46]、社会责任披露[47]和组织绩效[48]等方面的影响因素。权力属性是指利益相关者运用胁迫性、功利性或规范性力量将其意志强加于企业的能力[45]。合法性和紧迫性属性反映利益相关者的主张[49]。虽然合法性属性包含了道德合法性、实用合法性和认知合法性，但是Neville等[49]提出只有道德合法性与利益相关者显著性框架相关。具体而言，道德合法性是在道德规范、价值观和信仰体系内，对利益相关者要求超出可取性或阈值程度的评估。紧迫性则表现为利益相关者的诉求得到关注的时间敏感性。利益相关者拥有的属性越多，企业的重视程度就越高。潜在利益相关者只具有这三种属性中的一种，预期利益相关者具有两种，而具有这三种属性的利益相关者则被认为是确定利益相关者。

（2）利益相关者和企业管理。利益相关者理论揭示了企业内在的管理本质，包括规范性、描述性和工具性[50]。根据规范性，企业有义务保护合法的、规范的利益相关者的福祉。在描述性层面，利益相关者理论解释特定的企业特征和行为。在工具性中，利益相关者理论被用来确定利益相关者管理与实现传统企业目标之间的联系或差距[51]。利益相关者理论作为一种管理方法，使企业能够为所有的利益相关者创造尽可能多的价值。价值不仅在于盈利，尽管盈利是重要且必需的目标。在一个有效市场中，单纯为利益相关者服务的营利性企业不太可能存活[52]。企业通过满足重要利益相关者的需求，以双赢的方式得到效益最大化，但是关注广泛利益相关者群体利益的企业比主要关注一个或几个利益相关者的企业享有更高的绩效水平[53]。

（3）利益相关者和环境战略。承受着来自不同利益相关者日益增加的环境压力，企业需要制定与环境目标相协调的战略、实践和政策[54]。从这个角度来看，外部和内部利益相关者的集群迫使企业将环境负面影响最小化，将积极影响最大化[55]。基于利益相关者的企业观认为，一个组织可以被视为其利益相关者之间的一组相互依赖的关系[50]，这些利益相关者共同致力于组织的成功，并为此贡献特定形式的资源，包括资金、人力和社会资源。银行为企业提供重要的资金资源，是企业生存所需要、也是最重要的一个利益相关者。但是在追求环境绩效目标时，不管是银行还是企业都存在显著的利益相关者导向异质性，而且这种异质性可能是解释环境绩效差异的一个重要因素[56]，表现为组织决定将注意力集中在利益相关者身上，并在决策中整合利益与知识的程度[52]。因此从实践的角度来看，对利益相关者的更高层次的定位会转化为组织惯例行为，旨在评估与利益相关者的关系质量，通过交换信息将利益相关者的利益和知识纳入组织决策[57]。

4. 生态创新理论

生态创新产生于一个系统过程，其特征是行动者、制度和各种内外因素之间的相互联系和动态互动。由于概念的复杂性和抽象性，生态创新理论在宏观、中观和微观三个层面有不同的理论观点。

(1) 宏观层面理论观点。在宏观层面描述生态创新的常用理论是制度理论。制度理论认为组织的制度设置可以强烈影响结构实体的发展。尽管生态创新的概念出现已有近三十年的时间，但实业界对其认识还不成熟，在实施的过程里还处于起步阶段，因此制度理论在生态创新的研究中得到了应用。例如强制、模仿或规范等不同形式的制度压力对制造型企业环境战略的影响力差异[58]。Delmas[59]通过比较欧盟和美国ISO140001的采用情况，发现制度方面的差异会导致环境管理运行机制的不同。另外，波特假说在生态创新文献中也广受欢迎。波特假说指出，严格但设计得当的法规可以触发创新，从而部分或完全抵消遵守法规所付出的成本。因此针对生态创新的双重外部性问题，一些文献从环境规制的角度进行了研究，例如Arfaoui[60]揭示了欧洲REACH规制对生态创新的推动和拉动效应。虽然边际条件和经济均衡的假设对于增量变化是有效的，但对于社会经济范式的根本性变化，其相关性有限[61]，因此进化理论的衍生工具在一些研究中得到应用。Oltra等[62]利用部门系统方法提出了一个包含技术制度、需求条件和环境与创新政策的部门框架，指出技术制度和需求条件导致的技术惯性阻碍了生态创新的发展。Sáez-Martínez等[63]则调查了企业集群的四条技术路径，确定市场导向的创新轨迹对于生态创新扩散最为成功，并指出高度利用可占有性机制、合作产生的市场机会识别以及丰富的知识积累是市场导向型创新者的主要特征。

(2) 中观层面理论观点。中观层面的研究理论呈现百花齐放的态势，主要有生态现代化理论、博弈论、行动者网络理论和创新扩散理论等。生态现代化理论被认为是一种突出的新自由主义理论，强调工业发展需要伴随着科学技术的突破，使生态创新成为规范。从这一理论出发，合作企业之间的资源整合被认为是企业协同发展绿色机制、降低资源和能源消耗、加强环境创新战略的有效途径，以此实现生态创新绩效[64]。博弈论是另一个重要的理论，已经被广泛用于经济主体之间的竞争行为建模。Chen等[65]构建了一个三方博弈模型，将政府、消费者和私营企业视为不完全理性的个体，在生态创新过程中为实现自身利益最大化而进行博弈。行动者网络理论则认为，现实是由人类和非人类实体组成的行动者组成的，这些行动者相互作用，建立和维持不断变化的关系网络，导致稳定且持续的组织实践[66]。这一理论有助于阐述行动者的利益塑造或重塑过程，以及通过新行动者网络的形成重新呈现利基关系。Maassen[67]在行动者网络理论的基础上，利用战略利基管理和多层次视角的组合创新框架，描绘了开展生态创新过程中顽固模式的影响。创新扩散理论也是在生态创新文献里较为常见的理论。该理论指出，相对优势、兼容性、复杂性、可观测性都是影响采纳者感知的最重要属性。Lee 等[68]发现政府提供的信息和居民收集信息的能力决定 RFID 定价系统的采用，因此强调结果可观测的重要性。同样，在欧盟生态标签扩散过程里，优势、兼容性和可观测性都发挥了重要作用，因为生态标签扩散范围对消费者环境意识具有刺激作用，消费者环境意识的提高又会增加对生态标签的接受程度，这又反向激励企业开展生态创新[69]。

（3）微观层面理论观点。微观层面的研究理论主要集中在利益相关者理论和资源基础观。利益相关者理论指出，企业不仅需要了解与员工、客户和供应商等传统群体的关系，还需要了解与政府、银行和非政府组织等非传统群体的关系。利益相关者之间正式或非正式的关系都会对企业开展生态创新产生影响。利他性动机不仅在环境法规和企业社会责任之间具有中介作用，而且鼓励企业之间的合作，增强企业对市场风险的抵抗力[70]。区别于利益相关者的视角集中于企业的个体行为，资源基础观着重于企业拥有的资源和能力，企业开展生态创新所需的资源以及获取资源的方式成为应用资源基础观研究生态创新的主要方向。资源基础观解释了企业竞争优势的来源，认为企业的竞争力取决于拥有资源的数量、质量以及优化资源的能力，企业改善环境行为可能会带来战略优势，从而在企业层面带来经济收益。

1.3.2 文献综述

为深入探讨面向企业环境绩效的绿色信贷授信机制，本小节从绿色信贷、环境绩效和生态创新三个方面对国内外文献进行系统性梳理，在对其概念界定的基础上，重点综述绿色信贷的授信机制及效果、环境绩效的影响因素和生态创新的驱动力等内容，为其后的研究工作提供文献支撑。最后针对国内外相关文献进行述评，确定本书的研究逻辑方向。

1. 绿色信贷文献综述

（1）绿色信贷概念界定。由于还没有公认的概念定义，国内外文献对绿色信贷的界定具有异同并存的特点。共性之处主要表现为对绿色信贷的目的描述。绿色信贷应充分考虑经济效益和社会效益[71]，减少或避免环境风险[15]，推进金融业和生态环境保护协调并进[72]。差异主要体现在两个方面，一方面在于国内外银行监管制度上的差异导致对绿色信贷的推动区别。国外文献普遍认为绿色信贷属于银行的自愿行为[3,7]，由非政府组织运动所赋予[15]。而国内文献则反映出更多的行政导向，认为绿色信贷需要依据国家环境经济政策和产业政策[73]，贯彻国家节能减排战略[74]，将生态文明建设与经济建设的要求相融合[71]。另一方面在于视角不同导致对绿色信贷本质的认识区别。有认为绿色信贷是准则框架[3,7]，是政策手段[73]，是衍生金融工具[75]，是金融信贷政策[72]，是信贷发放选择机制[74]，还有认为是融资方式[71]和融资活动[15]。

为避免泛化的概念导致理论的抽象，本书在金融中介理论的观点基础上，从属性特征方面对绿色信贷进行概念界定。本书认为“绿色信贷”具有双重属性特征，其中“信贷”是其核心特征，具有经济属性；“绿色”是其本质特征，具有绿色属性。从经济属性来看，绿色信贷的核心依旧表现为借款者与贷款者之间的借贷关系，是一种通过资金流动创造价值的经济活动。而这种经济活动与传统信贷的区别，即辨识绿色信贷的标准，应该在于信贷资金的绿色属性。只有能够减少环境负面影响的信贷活动，才归属于绿色信贷范畴。因此，所谓的绿色信贷，是货币持有者将约定数额的资金按约定的利率暂时借出，借款者在约定期限内，将资金用于能够降低环境负面影响、获得环境绩效的企业活动，并按约定的条件还本付息的信用活动。

（2）绿色信贷的授信机制。由于信贷是一种通过授信行为反映资金借贷关系的经济活动，因此授信是信贷的核心内容。目前国内外文献是从微观和宏观两个方面对绿色信贷授信机制进行研究。微观层面主要集中在对授信对象的讨论，其中较为一致的看法是在生产治污设备、使用开发新能源、生态保护建设、循环经济、绿色制造以及生态农业等企业或项目上给予贷款[38,73,76-78]，这些授信对象和目前国内绿色信贷指引所确定的三大领域12类项目相近。在授信限制对象方面还存在一定的争议，一些文献认为应该在授信过程中严格限制对两高一剩项目和企业的放款[74]，也有文献从银行信贷风险角度出发，认为绿色信贷可以支持两高一剩行业的骨干企业使用新设备、新技术节能减排，帮助传统产业升级改造[79,80]。

宏观层面主要是对授信机制进行优化或保障建议。国务院发展研究中心“绿化中国金融体系”课题组[81]从战略高度对我国绿色金融的逻辑和框架进行了梳理和界定。陈立铭等[82]利用逻辑斯蒂增长模型构建了分析绿色信贷政策的生态运行机制模型，得到了信贷市场的内禀增长率和绿色经济发展系数之间的数理联系，提出在最大绿色经济发展值的作用下，银行信贷业务能够与生态环境目标更好地匹配。张建军等[83]认为，绿色信贷的发展路径需要严格控制资金流向、打造专业化规模化的人才队伍以及强化绿色信贷产品和服务。中国人民银行泉州市中心支行课题组[84]从征信的视角分析了绿色信贷的传导机制。曾煜等[85]探讨了绿色信贷的激励机制。

（3）绿色信贷的实施效果。绿色信贷的实施效果主要体现在对银行、企业以及产业结构等方面的影响。第一个方面，绿色信贷对银行声誉的提升作用已得到学术界的一致认可，对企业经济绩效的提升也有一定的证据支持。Wright 等[7]提出了绿色信贷的声誉假说，认为银行可以通过开展绿色信贷提高声誉而增加经济绩效。虽然 Scholtens 等[86]的实证结果显示，是否开展绿色信贷不会对银行的经济和公司特征造成显著差异，但 Eisenbach 等[87]得到相反的结论，发现开展绿色信贷的银行拥有显著的异常收益率。Liang 等[88]使用随机前沿分析方法，比较了 15 个国家的 36 家可持续发展银行和 36 家非可持续发展银行，发现可持续发展银行在成本效率、技术差距比和超前沿成本效率等方面的表现都要优于非可持续发展银行。高晓燕等[89]发现绿色信贷对银行竞争力的影响正向显著。Jo 等[90]的结论同样给予声誉假说证据支持，银行通过承担环境责任可以有效降低环境成本，从而提高经营业绩，而且在发达金融市场中，降低环境成本对银行的影响比在欠发达的金融市场中更为直接有效。

另外一些文献探讨了银行环境绩效和经济绩效之间的关系，但是没有一致性的研究结论。在 Esteban - Sanchez 等[91]的研究结论里，银行的环境或社会绩效与经济绩效之间呈现显著正相关，但是 Chih 等[92]的结论显示两者不存在显著关系，而 Nollet 等[93]则指出环境绩效与经济绩效之间存在“U”型关系。从投入产出的角度来看，绿色信贷是信贷系统的投入，而环境绩效和经济绩效是信贷系统的产出，寻找两个同级产出之间的因果关系可能在研究设计层面就存在一定的问题，从而导致不一致性的研究结论，因此有文献开始从规模、渠道等角度考察绿色信贷对银行经济绩效的影响。孙光林等[80]发现绿色信贷对银行信贷风险具有显著负向影响，扩大绿色信贷授信规模能够抑制不良贷款率，对净利润和非利息收入都有显著正向影响。Nizam 等[94]在对 75 个国家的 713 家银行进行横断面线性回归和非线性阈值回归后发现，融资渠道对银行经济绩效具有显著的积极影响。

第二个方面，绿色信贷对企业成本的影响具有相同的证据支持，但是对企业环境绩效的影响结论并不一致。由于我国绿色信贷授信政策要求银行根据国家产业政策，严控对两高一剩企业的授信审批，并制定行业准入机制，因此 Xu 等[95]使用固定效应模型和中介效应分析方法分析了绿色信贷对企业债务融资成本的不对称影响，结果显示“两高”企业需要承担更高的债务融资成本。苏冬蔚等[96]构建 DID 模型考察了绿色信贷对“两高”企业投融资行为的影响，发现“两高”企业的投融资行为受到显著抑制。他们的研究结论得到 He 等[97]、Liu 等[98]、连莉莉[99]以及朱朝晖[100]的证据支持。

马妍妍等[101]利用 DID 模型，发现绿色信贷政策显著降低了16 个重污染行业的企业排污量。蔡海静等[102]针对造纸、采掘和电力 3 个行业的回归分析结果显示，绿色信贷在长期借款方面存在局限性，不利于对企业的环境激励，但在 2019 年，针对 16 个“两高”企业的 DID 模型证据又表明受绿色信贷冲击大的城市的排放量显著下降[103]。修静等[104]通过构建的面板门限模型考察了规模以上工业企业的增长效应，发现差异性利率政策有利于节能减排，但其比例增加弹性降低。

第三个方面，绿色信贷对产业结构升级的影响效果同样存在争议。徐胜等[105]分析了绿色信贷对产业结构升级的影响机理，并选取 2004 年到 2015 年我国 31 个省份的面板数据进行了实证分析，结果发现绿色信贷对产业结构升级的效果显著。Hu 等[106]利用固定效应模型的研究结论同样如此。裴育等[107]的发现也证实了这一点，即绿色信贷能显著推动绿色产业的发展，促进地区经济增长。但是还有很多文献认为绿色信贷对产业升级的实际效应并不显著。陈伟光等[108]通过对比分析“两高”企业的经济和污染贡献率，指出绿色信贷实施以来，产业结构升级并不明显。Liu 等[109]构建的 5 层次一般均衡模型结果显示，绿色信贷在调整产业生产结构方面效果相对较差。刘婧宇等[77]也发现绿色信贷在中短期内有效抑制了造纸业和化工业的投资行为，但是长期的抑制效果不显著。另外，李毓等[110]通过回归分析发现绿色信贷对第二产业和第三产业的结构升级有不同的影响作用。而韩丰霞等[111]则认为，绿色信贷还没有发挥出推动经济转型升级的价值和作用。

2. 环境绩效文献综述

（1）环境绩效的概念界定。环境绩效对于评估企业对环境的影响具有重要作用，目前国内外文献主要从两个层面定义环境绩效。其一是过程层面，将环境绩效视为内部过程的管理控制，通过政策和程序、培训和奖励机制等战略措施表现出企业对环境问题的关注。例如，Ilinitch 等[112]认为环境绩效是为改善运营而实施的具体管理活动，Montabon 等[113]界定环境绩效是一个组织按照可接受的标准将环境相关事项纳入其经营活动的机制。在 ISO14001 的描述里，环境绩效是考虑企业活动、产品和服务的环境特征，在生命周期里对涉及环境方面的管理。其二是结果层面，将环境绩效视为企业产出的结果，通过能源消耗或污染物排放的量化数据衡量企业对环境的影响。杨东宁等[114]定义环境绩效是指企业在现有环境标准中规定的，其他可直接测量的环境指标上的表现，以及企业持续改善其污染防治、资源利用和生态影响等方面的综合效率和累积效果。俞雅乖等[115]认为，是生产总值与环境影响的比值，其中环境影响主要指污染排放所造成的影响，包括废水、废气、烟尘等对环境造成影响的污染物排放。包国宪等[116]的观点是治理主体通过治理过程对环境问题解决的最终影响。Johnstone[117]则提出环境绩效是企业战略目标与通过企业层面评估的经营产出绩效之间关系的结果。

Trumpp 等[118]指出，过程和结果是互补的。前者是通过与环境管理体系的战略实施相关的维度来确定的，而后者则是基于有关企业的实际经营业绩产出。这意味着不可能有关于业务业绩的环境指标的普适性衡量标准。Mi-akisz[119]将环境绩效的衡量指标归纳为三种基本类型，环境过程或系统评估、环境结果测量和顾客满意测量。虽然每一种方法都衡量企业环境表现的不同方面，但是最具代表性的，旨在反映公司经营对环境的影响，以结果为导向的环境绩效测量被更多的文献所采用[115,120]。因为相比以环境会计、审计、报告、环境管理体系等指标反映的组织过程和以不合规状况、违规费用、审计次数等指标反映的法规符合性，以定量化的污染物排放、能源使用等指标反映的环境影响更为显性和易衡量。因此，本书界定环境绩效是企业通过生产过程的创新活动，在固定产出条件下能源使用及污染物排放的减少程度。

（2）环境绩效的影响因素。环境绩效的影响因素一直受到很多文献的关注，主要可以分为企业外部和内部两类。从企业外部来说，利益相关者对与产品、制造过程、包装和分销等相关环境问题的日益关注[121]，推动着企业将环境问题作为战略管理的重要选择，并将环境绩效作为其整体绩效的重要组成部分[122]。早期文献将重点集中在政府规制，认为企业削减污染物排放量的努力会随规制作用的增加而增强[123]。随着研究的深入，环境信息披露[124]和环境监测[125]等策略方案被认为比排污费和罚款对环境绩效的提升作用更为显著。除此之外，消费者偏好[126]、社区压力[127]等外部因素也都被认为对企业环境绩效的提升具有显著推动作用。

环境绩效的提升可以扩大企业的市场份额，帮助企业维持现有客户及吸引潜在客户，对机构投资者有更大的吸引力[128]，因此企业内部因素受到更多的关注。Boiral 等[129]指出环境绩效取决于组织决策，Sartor 等[130]认为其是环境管理体系 ISO14001 实施的影响结果，而高管意识也被认为是一个显著的影响因素[131]。虽然内部意识可以驱动企业提升环境绩效，但环境绩效的真正实现依旧离不开过程和能力的改善，企业的环境治理过程[116]和组织能力[114]都影响着环境绩效。除此之外，一些文献以波特假说为基础，指出生态创新对环境绩效具有重要的影响作用。Sezen 等[132]利用回归分析对土耳其汽车、化学和电子行业 53 家企业进行实证检验，发现生态过程创新对企业环境绩效具有显著的积极影响。Yang 等[133]利用构造的非径向距离函数考察了中国 2006—2010 年节能减排政策下的生态创新效应，结果发现生态技术创新、管理技能加强和组织设计更新都有助于提高环境绩效。Faria 等[134]针对汽车制造行业的实证结果显示，虽然不同企业开展生态创新活动的速度、方向和程度都具有差异性，但生态创新活动带来的技术多样性对企业绿色化水平的提升作用是显著的。

3. 生态创新文献综述

（1）生态创新的概念界定。在最初的概念界定里，Fussler 等[135]将生态创新定义为是能显著减少环境影响、提供客户商业价值的新产品和过程。很多文献在 Fussler 等[135]定义的基础上围绕产品和过程两个角度进行了丰富，认为生态创新是能够避免或减少有害环境影响的新的和经过调整的过程、设备、产品、技术和管理系统[61]；是可以减少自然资源使用，并在整个生命周期中减少有害物质释放的，任何新的或显著改进的产品、过程、组织变革或营销解决方案[136]；是将环境、社会和金融等可持续考虑纳入公司系统的过程[137]。一些文献认为生态创新是创新的一种类型，是旨在通过减少对环境的影响或更有效和负责任地利用包括能源在内的自然资源，朝着可持续发展目标取得显著和可证明进展的任何形式的创新[138]；是能够在市场上吸引绿色租金的创新[139]；是企业有意地追求环境和经济双重收益的创新[140]。还有文献从活动的角度进行概念的剖析，认为生态创新是一项系统性的企业行为[141]；是生产、同化或开发[142]。

生态创新以生态为首要特征。生态的概念已经渗透到各个领域，涉及的范畴也越来越广，指生物的生理特性、生活习性，也指生物对自然界的依赖、适应状态。很多学者认为生态创新的生态是经济发展过程里组织对外部自然环境的影响，要能减少资源利用污染，能减少环境风险，导致环境改善，促进环境可持续发展[61,143]。在研究组织与外部自然环境之间的关系，面对经济发展和环境可持续性问题，产生了很多内涵相近的术语，比如减少对环境不利影响和提升环境绩效也被认为是绿色表现，有了绿色创新和环境创新的不同表述，而可持续性创新则是为了促进环境可持续性发展。生态除了外部自然环境，也包含组织内部环境。从商业生态系统到企业生态的研究过程，是研究视角从宏观的模式架构到微观的个体行为的转变过程。企业生态学探讨企业成长和可持续发展的价值导向，认为企业家精神[144]、企业文化[145]等企业内部环境因素都影响着企业生态。当外部环境发生变化，企业生态会随着组织自适应的变化而变化，生态组织形式的主要目标之一，就是为克服环境变化带来的挑战而分布式创新[146]。企业生态创新的本质特征是创新，要是新颖的、显著改善的。根据熊彼特提出的创新理论，创新是在经济范畴内推动经济发展的内在力量。生态创新无论是推动生产过程的持续改进，还是减少产品成本，都是为了促进组织的经济发展。以经济投资回报为目标的单一价值取向逐渐向多重价值主张转变，以单纯追求更大化利润的技术创新逐渐向考虑技术对自然环境影响的生态创新转变。企业生态创新的主体是企业组织，不管是活动还是过程，不管是产品还是服务，都是企业组织内部要素行为的外在呈现，是企业组织行为的最终表征。综上所述，本书界定企业的生态创新是能够降低企业的环境负面影响，新的或改善的企业组织行为。

(2）生态创新的驱动力。企业开展生态创新的驱动力可以分为来自内部和外部两个方面。

内部驱动力。企业内部主动性对生态创新的开展具有重要的驱动作用。Arnold 等[147]在对荷兰皇家飞利浦电子公司的纵向案例研究中发现，生态创新可以通过将可持续性作为一个明确的目标并由过程或项目来触发。但是企业内部主动性来自各种内部因素，这些内部因素会促使企业评估开展生态创新所涉及的成本、收益和风险，推动企业通过发展更高的研发强度、收购新的机械设备、软件或更新改造，获得更少的环境负面影响[148]。成本、效率和利润率等内部因素对生态创新具有拉动作用。减少能源和材料的使用可以降低成本[149,150]，设备更新改造可以提升效率[151]，研发的绿色新产品可以扩大市场、增加利率[152]。从结果层面来说，经济增长是拉动企业开展生态创新的一个主要方面，声誉、环境意识和技术水平等内部因素对生态创新具有推动作用。绿色形象有助于提高企业的声誉，高层管理者的环境意识和支持是企业开展生态创新的决定因素[153]，另外企业管理塑造并赋予公司特征，这些特征或有利或阻碍实施生态创新所需的资源获取。技术对生态创新的意义在于创新可以孕育创新[61]，其推动作用则表现在企业所拥有的资源和能力。Muller等[154]指出，企业需要利用资源和能力来制定评估及发展生态创新的指标，通过关注各种过程的输入和输出，提高组织的产品和服务创新能力。Triguero等[155]的结果则表明，实施回收利用的企业与购买开发清洁技术的企业之间存在显著差异，更高的技术和管理能力能够更有效地推动企业的生态创新。可以看到，从战略层面而言，对生态创新相关性的认知是推动企业开展生态创新的重要方面。

外部驱动力。尽管生态创新可以增强企业的竞争力，提升企业的绿色水平，但是生态创新具有高度的不确定性和风险性，以及企业对生态创新知识的欠缺，导致企业开展生态创新的内部动力不足，另外，企业开展生态创新的内部动机依旧倾向于遵守标准，而不是真正的可持续性目标[156]，因此，就企业开展生态创新的驱动力而言，以政府规制为代表的外部驱动比企业的内部驱动更为显著。从监管角度来看，政府规制是主要的外部驱动因素。一方面，政府部门对环境污染的严格监管，有助于推动企业进行末端治理、加大绿色研发投入。另一方面，政府部门对创新和环境行为的政策补贴，有助于缓解企业开展生态创新的资金约束[156,157]。从需求角度来看，供应商和客户的需求是推动企业开展生态创新的关键因素。在Kesidou等[149]的研究结论里，尽管需求因素对企业生态创新的投资水平没有影响，但是对企业开展生态创新决策的影响显著。在市场对绿色产品需求日益增加的环境下，制造型企业的生存取决于应对绿色供应链需求的能力[156]。从合作角度来看，大学、研究机构和一些非政府组织同样具有推动作用。鉴于生态创新的系统性和复杂性，合作与生态创新之间的相关性也逐渐受到重视。尽管大学和科研机构的学术成果与企业的实际需求之间存在巨大差距[158]，但是合作带来的知识资源流动可以提高生态创新的可能性。除此之外，以银行为代表的其他利益相关者同样对企业开展生态创新具有推动作用[159]。

4. 文献述评

综上所述，作为前沿的研究热点，绿色信贷、环境绩效和生态创新受到国内外文献的极大关注，已取得了一些新颖且极具价值的研究成果，归纳而言，主要呈现出以下三个特点。

(1) 争议性的研究结论说明绿色信贷授信机制需要理论完善。首先，银行声誉提升并不能直接反映出信贷的绿色属性。由于银行规模与声誉敏感性之间的关联，采纳赤道原则开展绿色信贷的银行本身就占据全球项目贷款银团市场的绝大比例份额[160]，其盈利能力一直处于行业前列，而且绿色信贷仅仅是银行业务范围的一小部分[4]，声誉假说的实证文献往往由于样本选择问题而忽略了银行总体绩效与绿色信贷所产生绩效之间的差异性。更为主要的，现有文献是从银行经济绩效的角度对声誉假说进行验证，没有证据支持声誉与环境绩效之间的因果关系。

其次，行业划分的授信标准导致绿色信贷的不可持续性。虽然已初步形成银行业的绿色金融监管架构，绿色信贷规模也保持着逐年增长，但以环境保护和节能减排为目的、以行政文件的规定为实施准则、以产业的差异性对待为措施的授信机制还不完善。绿色意识的欠缺、政策落实的不彻底、政府监管体系的不完善，以及与短期利益的冲突[161,162]，使银行开展绿色信贷的内生动力不足，因此不管是以赤道原则为开展标准的国外银行，还是以银监发［2012］4号文件为实施依据的国内银行，都还处于将环境因素融入其内部流程的早期阶段。赤道原则在提高金融机构对可持续性的认识方面具有深远的影响，但其自愿特征受到追求股东利益最大化的强力挑战，因而进展缓慢。以限制性的政策规定对产业投资进行约束，可以在短期内获得环境绩效，但长期效果不能得到预期[77,104,109]。作为一种范式的转变，单纯以行业划分为授信标准很难保证绿色信贷的可持续性。

最后，绿色信贷对环境绩效传导路径的研究文献欠缺。目前，国内外关于绿色信贷对环境绩效影响的研究文献里存在一个潜在的理论假设，即以控制两高一剩行业的信贷规模或以加大绿色行业的授信支持为绿色信贷获取环境绩效的传导路径，但并没有一致且令人信服的实证证据。虽然产能过剩行业的信贷风险来自产能过剩导致的库存增加及行业利润率下降，而高污染高排放行业的信贷风险则主要来自企业关停导致的贷款违约率上升，银行业金融机构配合国家节能减排战略，严控两高一剩行业的信贷风险，可以化解产能过剩矛盾及降低不良贷款率，但是绿色信贷对环境绩效的传导路径依旧没有得到理论支持。另外，引导银行业金融机构加大对绿色行业的信贷资金投入，尽管可以拉动投资和消费，形成新的经济增长点，推动产业升级和发展方式转变，依旧不能作为对传导路径的理论解释。因此，绿色信贷授信机制的理论缺陷导致了学术层面不一致性的实证结论，以及实践层面呈现出的授信对象模糊性和统计数据偏差性等特征。

(2) 普遍性的学术共识显示生态创新是企业环境绩效的来源。虽然绿色信贷是由银行业金融机构提出并实施，但资金的使用方在于企业，绿色信贷的本质属性能否实现依赖于企业的资金投向。传统的融资方式建立在私有产权融资理论的基础上，即企业最大化股东价值，这种经济主体行为不考虑社会和环境影响，是自私和纯理性的。可持续发展概念对企业融投资行为产生了直接的影响，除了必要的风险回报目标之外，企业还应将环境和社会主张作为企业活动的核心，即经济、环境和社会的三重底线。相比融资，企业的投资策略对环境的影响更为直接。战略管理理论认为在面对环境挑战的市场条件下，生态创新是企业应对市场竞争并创造竞争优势的有效途径。因为生态创新不仅具有与研发投资相关的正向技术溢出效应，还会产生能够减少外部环境成本的正向外部性[61]。

生态创新是技术、市场、监管和社会变化共同推动或拉动的结果。能源效率的提高和污染物及温室气体排放的减少，在本质上与技术水平有关，这也是可持续发展报告里所强调的，必须加强技术创新，以减少对环境的影响。技术对生态创新的推动可以通过企业所拥有的资源和能力表现，而更大的意义在于创新可以孕育创新[163]。市场的存在反映了对生态创新产品或过程的需求，消费者环境意识的提高会增加对环保产品的认知和接受程度[69]，这是生态创新扩散的一个不可或缺的因素。另一个重要的因素在于监管制度的变化，政府部门可以通过实施税收和补贴进行干预，推动企业改变生产技术，以达到环境绩效目标[164]。适当设计的环境标准可以触发创新，部分或完全抵消企业付出的额外的合规成本[165]。最终，具有环境意识的信念、愿景和价值观的文化构建，可以激发持续深入开展生态创新的企业意愿[166]，从而实现可持续的环境绩效。

(3) 前沿性的理论观点反映绿色信贷可以外部驱动生态创新。考虑到企业内部驱动不足，现有文献比较认同从外部驱动企业开展生态创新，将企业内部资源与触发生态创新的外部因素相结合，对于理解并支持生态创新具有重要的意义和作用[167]。相比政府强制监管，通过信贷渠道以资金激励的理论观点更具前瞻性。一方面，绿色信贷与生态创新具有相同的理论基础和目标归宿，具有较强的理论联系。绿色信贷和生态创新的概念都源自可持续发展理论，是银行和企业在进行环境风险决策时环境责任的体现，其目标都是获取经济和环境的双重绩效。银行和企业之间又是利益相关者关系，虽然银行和企业在信贷关系上都存在利益最大化的本能，但获取双重绩效的一致性目标使绿色信贷和生态创新具有天然的利益共同点，因此以绿色信贷驱动生态创新，可以在银行和企业之间创造共同利益。另一方面，以银行为代表的外部融资是企业开展生态创新所需资金的重要来源渠道。对企业而言，缺乏资金资源是限制企业生态创新水平的一个主要因素，资金资源的可用性及可获得性影响着生态创新活动的发展。在已有的研究结论里，企业的外部融资与创新活动之间存在着积极而显著的关系[159]，长期投资者的影响同样会增加创新的数量及质量[168]。尽管这些研究成果是在以技术研发为主的传统创新领域，而生态创新具有更高的不确定性、复杂性和特殊性，但出于相关性的联系，绿色信贷对生态创新的驱动作用是具有理论可信度和业务可行性的。

1.4 研究内容、方法及技术路线

1.4.1 研究内容

1. 研究思路及章节设置

本书遵循“提出问题→理论研究→实证研究→优化设计”的研究思路，以信贷资金投向为出发点，以企业环境绩效为目标，从理论研究、授信机理、授信政策、授信策略和授信模式五个方面研究面向企业环境绩效的绿色信贷授信机制。

为了解决绿色信贷授信机制的有效性和可持续问题，本书首先以系统分析视角，通过理论研究提出面向企业环境绩效的绿色信贷概念，明确其授信机制的组成要素，并在此基础上，实证检验其授信机理，验证组成要素之间的关系存在。继而实证检验授信政策的有效性，以此明确授信机制的运行条件。更进一步，从内部要素视角研究授信机制的演化稳定策略，确定机制运行的最佳授信策略，并从外部保障视角研究不同授信模式的差异性影响，确定机制运行的模式保障方案，以此提出相关的政策建议。

本书共分七个章节，其章节结构及逻辑关系如图1-6所示。

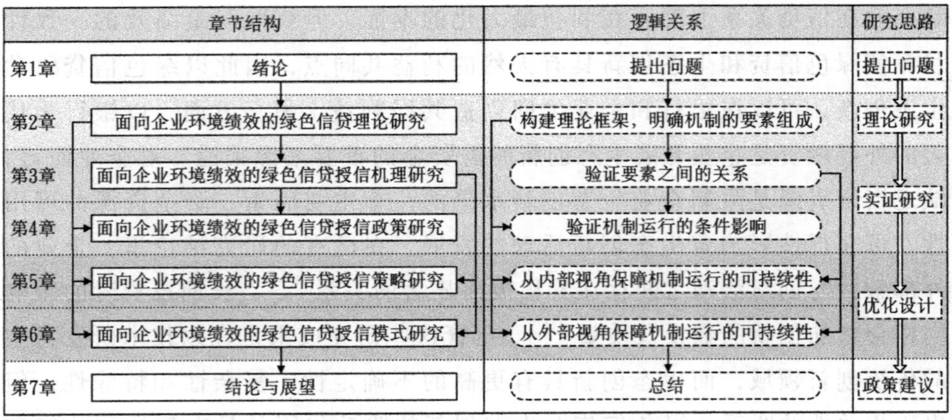

图 1-6　章节结构及逻辑关系

2. 主要内容

根据上述研究思路和研究框架，本书的主要内容分为五部分，分别对应本书的第 2 章到第 6 章。

第 2 章面向企业环境绩效的绿色信贷理论研究。在相关理论和文献综述的基础上，对绿色信贷的内涵进行剖析和阐述，进一步从授信目的出发，对绿色信贷的类型进行划分及界定，提出面向企业环境绩效的绿色信贷概念。将环境绩效作为绿色信贷区别于传统信贷的核心特征，从理论上解释绿色信贷的绿色属性来源，并在进行路径分析的基础上，将企业的生态创新活动作为授信对象，确定授信机制的基本组成。继而从理论上阐述授信机理、授信政策、授信策略、授信模式与授信机制之间的关系，以此提出面向企业环境绩效的绿色信贷理论框架，奠定面向企业环境绩效的绿色信贷授信机制的理论基础。

第 3 章面向企业环境绩效的绿色信贷授信机理研究。为解决绿色信贷授信机制授信目的有效性的问题，考虑到信贷资金投向差异和企业生态创新特点，从生态组织创新、生态产品创新和生态过程创新三个维度提出绿色信贷对企业环境绩效影响的理论假设，在构建变量量表的基础上，利用结构方程模型实证检验绿色信贷→生态组织创新/生态产品创新/生态过程创新→环境绩效的传导路径，采用偏差校正的非参数百分位 Bootstrap 检验生态组织创新、生态产品创新和生态过程创新的中介效应，为面向企业环境绩效的绿色信贷授信机理提供经验证据。

第 4 章面向企业环境绩效的绿色信贷授信政策研究。为解决绿色信贷授信机制政策引导有效性的问题，从准自然实验视角出发，建立双重差分法模型考察授信政策对绿色信贷、生态创新和环境绩效的影响，以此评估授信政策对授信机制的影响效应。在此基础上，构建动态系统广义矩模型考察绿色信贷、生态创新和环境绩效之间的内生关系，以此检验授信政策传导路径的有效性，为面向企业环境绩效的绿色信贷授信机制运行条件提供经验证据。

第5章面向企业环境绩效的绿色信贷授信策略研究。为解决绿色信贷授信机制内部策略可持续的问题，考虑到银行与企业之间存在的博弈，在构建多属性效用函数模型的基础上进行银行和企业的选择策略情景分析，通过求解复制者动态方程的均衡点确定演化博弈的最佳稳定策略，以此明确绿色信贷以及生态创新能够可持续的最佳利率和授信额度。再利用MATLAB进行数值算例，对影响演化稳定策略的关键参数进行仿真，为面向企业环境绩效的绿色信贷授信机制内部优化策略提供理论依据。

第6章面向企业环境绩效的绿色信贷授信模式研究。为解决绿色信贷授信机制外部模式可持续的问题，考虑到授信过程中多种授信模式并存的特点，以南京银行为案例研究对象，在建立三维数据结构的基础上，利用嵌入式案例研究解构抵押担保模式和信用担保模式对绿色信贷、生态创新和环境绩效的差异性影响，并针对案例发现构建四位一体的绿色信贷授信模式框架，为面向企业环境绩效的绿色信贷授信机制外部保障提供参考建议。

1.4.2　研究方法

本书秉承理论与实证相结合、定性与定量相结合的研究范式，根据研究思路，在理论研究阶段主要采用文献研究法，在实证研究阶段主要采用统计分析与计量分析法，在优化设计阶段主要采用动态分析与实地研究法，具体如下。

1. 文献研究法

文献研究法是根据研究目的，通过收集相关的文献资料，了解掌握研究问题的基本方法。本书通过文献研究法收集整理国内外绿色信贷的相关文献，并对文献进行系统性的回顾梳理，不仅掌握绿色信贷最新的研究进展，还在归纳总结前沿理论观点的基础上，针对绿色信贷授信机制的有效性和可持续性问题，提出以生态创新为中介的绿色信贷授信机制，从而确定本书的研究思路和方向。

2. 统计分析与计量分析法

统计分析方法是通过收集、整理、分析和解释统计数据，并从微观结构研究宏观性质及规律的方法。结构方程模型（Structural Equation Model，SEM）是一种多变量统计分析方法，用于测量由多个指标测量的未观察潜在变量，并识别它们之间的关系。该方法是因子分析和多元回归分析的结合，是分析被测变量与潜在构念之间结构关系的有效工具。SEM 有助于识别和验证理论框架中所讨论的变量之间的因果关系，被广泛用于需要因果关系的认知建模和行为分析文献，因此本书利用结构方程模型考察绿色信贷对生态创新和环境绩效的影响效应，以此揭示面向企业环境绩效的绿色信贷授信机理，明确绿色信贷授信机制的运行规律，验证其授信目的的有效性。

计量分析方法则是对经济变量之间的关系作出数值估计的分析方法，在结构分析、经济预测和政策评价方面具有广泛的应用。作为一种回归分析方法，双重差分法（Difference - in - Difference，DID）将要评估政策影响的事件称为处理（the treatement），将感兴趣的结果视为衡量处理效应的变量。研究对象分为两组，将受政策影响的研究对象称为处理组，将不受政策影响的研究对象称为控制组，继而比较政策实施前后两组的结果差异，政策的影响效果估计即为差异中的差异。本书利用双重差分法考察授信政策对绿色信贷、生态创新和环境绩效的影响效果，以此揭示绿色信贷授信政策对授信机制的影响。在此基础上，考虑到在研究变量之间的因果关系时，需要解决数据的动态性和高持久性问题，而在动态面板数据模型中估计参数的标准做法，是通过广义矩法（Generalized Method of Moments，GMM）估计差分模型，采用一阶差分消除相关的个体影响，并使用适当的滞后水平变量作为工具变量。由于差分模型的工具信息会随着时间序列的持久而减少，而且包含滞后因变量和额外内生变量的空间滞后模型会使传统的空间最大似然估计无效，系统 GMM 方法通过将差分方程与水平方程相结合避免了这个问题，因此本书利用系统广义矩法考察授信政策的传导路径有效性，以此评估绿色信贷授信政策对授信机制的引导作用。

3. 动态分析与实地研究法

动态分析法是在假定经济变量随时间发生变化的情况下，考察经济活动发展变化过程的方法。演化博弈论（Evolutionary Game Theory）将博弈论与动态分析方法有机结合，摒弃了完全理性的假设前提，从系统和动态的角度看待群体行为的调整过程，以构建的博弈模型反映从个体行为到群体行为的形成机制，并在体现行为主体多样性和复杂性的同时，为宏观调控群体行为提供理论依据。由于演化博弈理论在分析策略的长期变化趋势以及确定稳定性条件方面具有较好的解释能力，因此本书利用演化博弈论方法探讨绿色信贷授信策略的演化稳定条件，求解复制者动态方程的均衡点，以此确定面向企业环境绩效的绿色信贷授信机制可持续运行的最优利率和授信额度。

实地研究法是以参与观察和无结构访谈的方式收集资料，以定性分析来理解和解释理论的方法总称。作为实地研究法的一种，案例研究法是在背景下研究现象，通过案例内部的分析和逻辑复制，实现归纳理论的研究目的，即通过对单个单元的深入研究，在更大的单元集合中进行推广。从案例研究发展而来的理论具有新颖性、可测试性和实证效度等重要优势，这些优势源于与实证证据的紧密联系。另外，案例研究独立于先前的文献或过去的经验观察，特别适合于新的研究领域或现有理论不足的研究领域。因此本书利用案例研究法探讨抵押担保模式和信用担保模式对绿色信贷授信机制的差异性影响，从监督保障视角提出四位一体的绿色信贷授信模式，为面向企业环境绩效的绿色信贷授信机制的可持续运行提供外部保障建议。

1.4.3 技术路线

本书的技术路线如图1-7所示。

1.5 本章小结

绿色信贷作为银行业金融机构承担环境责任的一种经济手段，在助力实体经济绿色转型升级、倡导可持续发展道路的进程中发挥了积极作用，但其授信机制的有效性和可持续性还存在质疑。虽然借短贷长的息差收益保证了传统信贷授信机制的有效性，但基于经济利益最大化的传统信贷授信机制无法满足绿色信贷的经济和环境双重外部性。尽管缩紧授信敞口可以对两高一剩企业的融资成本产生显著的负面影响，然而不完善的绿色信贷理论框架使银行业金融机构在实施绿色信贷过程中存在模糊性的授信对象，从而导致绿色信贷对环境绩效的影响并没有一致性的研究结论，使以环境绩效为授信目的的绿色信贷授信机制缺乏有效性。与此同时，信贷领域的主流方向是研究

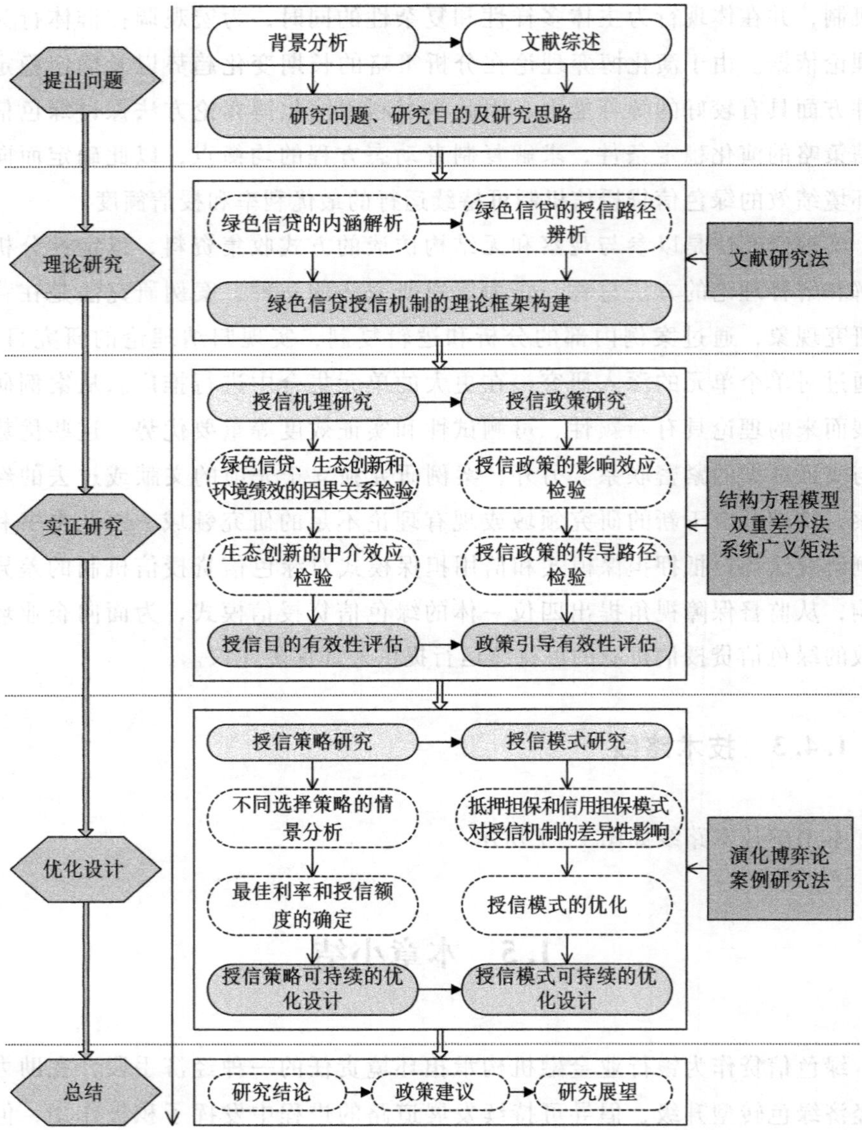

图 1－7　技术路线

对企业信用风险的度量及管控，缓解信息不对称引发的逆向选择及道德风险，以此保障信贷授信机制的可持续性，但这种可持续性是以财务指标为衡量的经济绩效可持续，并未涉及绿色信贷授信机制的环境绩效可持续。因此，构建有效且可持续的绿色信贷授信机制，对于我国深入推进供给侧结构性改革，促进经济向绿色低碳可持续发展方向转型，具有重要的理论和现实意义。

第2章

面向企业环境绩效的绿色信贷理论研究

本章对绿色信贷的内涵进行剖析和阐述，按照授信目的的差异将绿色信贷进行类型划分，并根据授信目的实现的原理、方式和条件，对绿色信贷获取环境绩效的路径进行理论分析，继而在阐述授信机制微观组成之间理论联系的基础上，从授信机理、授信政策、授信策略和授信模式等方面构建绿色信贷授信机制的理论框架。本章的贡献在于拓展绿色信贷的理论深度，奠定面向企业环境绩效的绿色信贷授信机制的理论基础。

2.1 绿色信贷内涵解析

在解析绿色信贷属性特征的基础上，本节解析绿色信贷的授信目的，并根据授信目的的差异，对绿色信贷进行类别划分，由此给出面向企业环境绩效的绿色信贷概念，为其授信机制提供概念基础。

2.1.1 绿色信贷的属性特征

虽然绿色信贷也是通过资金流动创造价值，但其与普通信贷的区别在于所创造价值的可持续性。可持续性表现为多属性特征，是财务、社会和环境等因素的相互关联和综合[39]，因此绿色信贷同样具有多属性特征。绿色信贷不仅具有传统信贷的流动性、收益性和风险性等经济属性，还具备独有的绿色属性，其中，绿色属性应该成为绿色信贷区别于传统信贷的最本质属性特征。

1. 经济属性

在金融中介理论里已经介绍过，银行通过借短贷长创造流动性，利用息差获取经济利润。绿色信贷的核心依旧如此，同样是一种体现不同所有者借贷关系的经济行为。追求经济利润最大化是绿色信贷不可忽视的重要属性之一。没有足够的经济收益性，不足以支持借贷行为和借贷关系的可持续发展。

借贷行为本身就是一种风险性活动。虽然相比传统信贷，绿色信贷的授信对象具有较小的社会风险，但是市场性风险依旧是绿色信贷无法避免的主要风险。绿色信贷在进行授信决策时，仍然要遵循风险与收益匹配原则。

2. 绿色属性

绿色属性是绿色信贷的本质属性，可以理解为信贷资金的用途减少对环境负面影响的程度。人类社会的发展一直消耗着自然资源，特别是不可再生能源。普遍的共识在于经济的增长会消耗更多的不可再生能源，而不可再生能源的使用又会以空气污染和土地退化的形式对环境产生有害影响。虽然无法完全避免或消除能源消耗对环境的负面影响，但是可以通过技术提升等方案降低这种负面影响。这也是可持续发展的核心思想，在资源永续利用的前提下促进经济的发展。

企业利用银行贷款从事生产运作、非主营业务投资等活动。不同的企业活动具有不同的环境影响。在生产技术水平不变的条件下，“两高”企业利用贷款资金扩大产能会加大对环境的负面影响，相对来说，绿色环保企业利用贷款资金扩大产能会减小对环境的负面影响，因此，同样的企业活动会因为企业特征的不同而影响到信贷资金是否具有绿色属性。另外，“两高”企业利用贷款资金进行节能减排活动可以让信贷资金具有绿色属性，而绿色环保企业利用贷款资金进行非主营业务的活动则无法体现出信贷资金的绿色属性。

2.1.2 绿色信贷的授信目的

1. 绿色信贷的发展阶段

纵观我国绿色信贷的发展历程，可以分为以下三个阶段。

(1) 起步阶段（1995—2006 年）。1995 年的银发［1995］24 号文件，要求金融管理部门在信贷工作中注重对自然资源和环境的保护。2004 年的发改产业［2004］746 号和 2005 年的国发［2005］39 号文件，分别要求控制信贷资金流入低水平盲目扩张行业和对不符合国家产业政策和环保标准的企业停止信贷。2006 年的银监发［2006］47 号文件，要求采取区别对待的信贷政策，严格控制新建高耗能、高污染项目。但是由于当时环保部门和银行业对绿色信贷政策的认识不足，缺乏促进政策执行的内在动力，加之约束机制不强、信息沟通不畅等不利因素的影响，这个阶段绿色信贷的实施效果并不理想。

（2）强力推进阶段（2007—2011 年）。2007 年接连下发了银发［2007］215 号、环发［2007］108 号、银监办发［2007］161 号和银监发［2007］83 号等多项文件，绿色信贷政策开始全面正式启动。随后有关部门又出台了一系列进一步完善绿色信贷的政策性文件。特别是 2009 年环办［2009］77 号文件，让环保部门和金融部门建立了信息交流共享机制，明确了信息交换的范围、时限和方式，使绿色信贷政策的推进步伐得以加快。

（3）快速发展阶段（2012 年至今）。2012 年下发的银监发［2012］4 号文件对银行业金融机构实施绿色信贷作出了具体的规范要求，明确了绿色信贷的支持方向和重点领域，对国家重点调控的限制类以及有重大环境和社会风险的行业制定专门的授信指引。随后，2013 年的银监办发［2013］185 号文件要求银行业金融机构进行制度化的绿色信贷数据统计。

2. 不同阶段授信目的差异

我国绿色信贷的起步阶段，侧重于对低水平盲目扩张行业、两高一剩行业的信贷资金流入限制，通过对信贷资金投入的管控，实现产业结构调整的授信目的。

在强力推进阶段，绿色信贷变化为对不同行业进行区别对待，有保有压。这体现出银行业金融机构开始从支持和限制两个方面来构建绿色信贷的授信框架，即支持绿色环保行业的信贷投入及限制两高一剩行业的信贷投入。由于对绿色环保行业信贷支持的本质，还是属于产业结构调整，因此，这一阶段绿色信贷的授信目的，是在产业结构调整的基础上，减少企业环境风险导致的信贷风险。

在快速发展的现阶段，特别是 2012 年的银监发［2012］4 号文件和 2013 年的银监办发［2013］185 号文件，将绿色信贷支持的方向明确为节能环保、新能源和新能源汽车三大战略性新兴领域，以及绿色农业开发项目、绿色林业开发项目、工业节能节水环保项目、自然保护和生态修复项目、资源循环利用项目、垃圾处理及污染防治项目、可再生能源及清洁能源项目、农村及城市水项目、建筑节能及绿色建筑、绿色交通运输项目、节能环保服务、和采用国际惯例标准的境外项目等12类项目。由此可以看到绿色信贷的授信对象，开始关注于企业的节能节水、垃圾处理、污染防治和清洁能源等项目。因此这一阶段，绿色信贷的授信目的也从减少企业环境风险导致的信贷风险，向引导企业提升环境绩效转移。

从绿色信贷的属性特征可以看到，绿色属性应该成为绿色信贷区别于普通信贷的最典型属性特征，而绿色属性则是通过企业的环境绩效所体现。考虑到绿色信贷的发展趋势和绿色属性来源，本书认为，绿色信贷的授信目的，可以分为以提升环境绩效为目的和以产业结构调整为目的，不同的授信目的导致绿色信贷的授信对象和授信机制都存在很大不同。

2.1.3 绿色信贷的类型划分

由于产业结构调整是产业信贷的授信目的，如果将产业信贷与绿色信贷的授信目的混淆，会导致绿色信贷授信对象的模糊和授信机制的失效，因此，根据授信目的的差异，本书将绿色信贷划分为面向行业的绿色信贷和面向企业环境绩效的绿色信贷。面向行业的绿色信贷的授信目的，除了通过资金流动获得经济绩效和环境绩效之外，还在于通过资金配置实现产业结构调整。而面向企业环境绩效的绿色信贷，授信目的只在于获得经济绩效和环境绩效。绿色信贷的类型划分如图2-1所示。

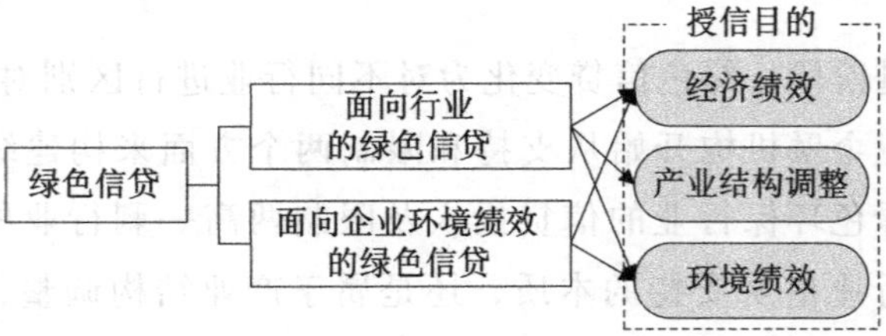

图2-1 绿色信贷的类型划分

我国已建立了由市场供求关系决定的银行利率机制。自2001年我国加入世贸组织以来，作为政策性银行的中国人民银行逐步放松了对银行利率的管制，并在2004年宣布取消银行贷款利率上限，在2013年取消了银行贷款利率下限，允许商业银行在参照基准利率的基础上自行选择贷款利率。放松监管提高了商业银行的效率和竞争力，为信贷市场提供了更自由的竞争环境。银行业金融机构的信贷规模从2000年的9.937万亿元扩大到2018年的

136.297 万亿元，保持着年均 15.2% 的增速①，为国民经济的增长提供了重要的支持。但是这种信贷遵循风险与收益匹配原则，其授信对象更偏向于资金安全性和利润回报率更大的企业，并不考虑申请贷款的企业对环境的污染。为便于阐述和比较，本书将不考虑环境影响的信贷类型称为传统信贷。

面向行业的绿色信贷通过扩大绿色行业（以及收缩“两高一剩”行业）的授信敞口，促进绿色行业（抑制“两高一剩”行业）的外部融资，推动绿色行业（阻碍“两高一剩”行业）的经济增长，以此在进行产业结构调整的基础上，实现经济绩效和环境绩效的协同发展。

面向行业的绿色信贷与传统信贷的区别，在于根据行业特征进行资金资源配置。从理论上来说，利用信贷渠道加大对绿色信贷行业的资金支持，抑制两高一剩行业的经济发展，可以实现产业结构调整、利用绿色经济发展获得环境绩效的授信目的，但由于资本的逐利性，收缩信贷敞口虽然可以降低两高一剩行业的外部融资增速，但很难控制其内部融资增速，最终通过阻碍经济增长实现能源消费降低的目标很难真正实现。从长期来看，面向行业的绿色信贷对资本和能源效率的积极影响微乎其微，而主要经济指标却在恶化[169]。

所谓面向企业环境绩效的绿色信贷，是指银行业金融机构以社会责任为核心价值导向，通过制定差异化的信贷额度和贷款利率，将信贷资金投向能够获得环境绩效的企业活动，从融资渠道推动企业提升生产运作水平的信贷手段。面向企业环境绩效的绿色信贷的核心目的是促进经济绩效和环境绩效的协调可持续性发展。

2.2　面向企业环境绩效的绿色信贷授信路径

2.2.1　绿色信贷获取环境绩效的路径分析

遵循“资源—活动—绩效”的研究范式，从一个简单的理论框架来解释信贷资金获取绩效的路径，如图 2－2 所示。为了追求利息回报，银行作为金

① 数据来源于国家统计局。

融中介机构将资金有条件地借给企业，企业将资金投入企业活动，获得相应的绩效。绩效可以从经济、环境和社会等不同维度衡量和评价。在理性经济人假说条件下，银行和企业都是追求利润最大化，经济绩效是银行在决定授信审批和企业在决策活动时主要考虑的因素。企业会选择带来更高经济绩效的企业活动，而信贷资金是通过企业活动产生绩效，因此在传统信贷里，银行希望选择安全性和投资回报率更高的支持项目。信贷资金的绩效来源如图2-2所示。

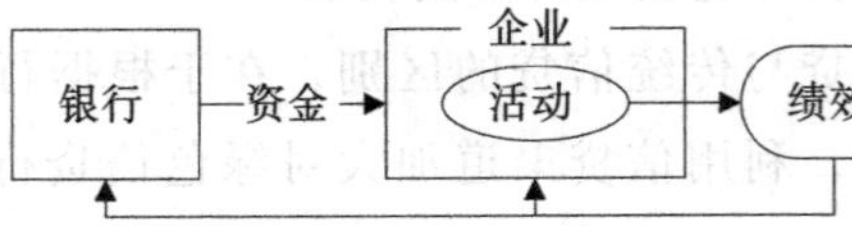

图2-2 信贷资金的绩效来源

1. 企业特征和企业活动

由于可持续发展对企业环境责任的要求，银行和企业都需要在经济绩效之外考虑环境绩效的问题。不同的企业活动具有不同的环境绩效表现，而相同的企业活动也会由于企业类型产生差异性的绩效表现。不同类型企业的环境绩效比较如表2-1所示。

表2-1 不同类型企业的环境绩效比较

所属行业	主营业务活动			非主营业务活动
	生态创新	扩大产能	其他活动	
两高一剩行业	√	×	×	—
一般行业	√	—	—	—
绿色行业	√	√	√	—

注："√"代表可以获得环境绩效；"×"代表不会获得环境绩效；"—"代表不确定。

如表2-1所示，由于在企业产品、生产过程、材料选用等方面都存在差异，不同类型的企业活动对环境有不同的负面影响。从普遍的认识来说，绿色行业比两高一剩行业具有更小的环境负面影响，扩大绿色企业的产能可以在相同产出水平下获得环境绩效，而在技术水平不变的条件下，扩大两高一剩企业的产能会加大对环境的负面影响，不能获得环境绩效。这也是面向行业的绿色信贷的主体思路，即通过信贷渠道控制资金流入两高一剩企业，遏制其盲目扩张，另外鼓励资金投向绿色企业，推动其产能扩大。

但是，企业的活动并不只局限于扩大产能。在主营业务活动方面，除了扩大产能，还有能够减小对环境负面影响、提升环境绩效的生态创新活动，以及无法界定对环境影响的其他活动。而除了主营业务活动，企业仍然可能将信贷资金用于非主营业务活动，其对环境的影响就难以判断。

图 2－3 展示了绿色信贷获取环境绩效的路径。普通信贷以利润最大化为导向，主要重视资金的安全性和收益性，对企业融资行为的环境影响关注不足。而绿色信贷的授信目的在于获得经济和环境的双重绩效，因此企业活动应该成为绿色信贷授信选择的主要因素。

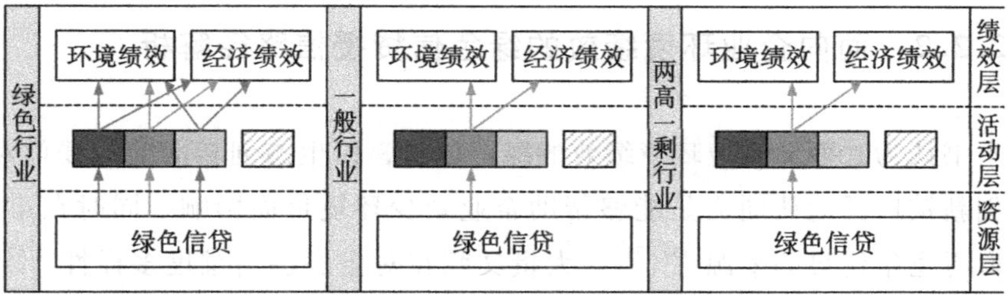

注：■ 表示主营业务中的扩大产能；■ 表示主营业务中的生态创新；
□ 表示主营业务中的其他活动；▨ 表示非主营业务活动。

图 2－3　绿色信贷获取环境绩效的路径

2. 不同路径的对比分析

（1）资金—绿色行业—环境绩效的路径。这种面向行业的绿色信贷的潜在意识，一方面，是相比两高一剩行业，信贷资金流入绿色行业可以产生更小的环境负面影响，由此获得环境绩效；另一方面，是限制信贷资金流入两高一剩行业，通过外部融资渠道控制两高一剩行业的投资规模，以此获得环境绩效。

但是这种路径存在一定的缺陷。首先，以行业划分为标准的授信标准，是造成授信对象模糊的原因。虽然绿色行业是推动生态文明建设的基础，但由于“绿色”概念较为宏观、抽象，绿色行业的边界界定不一，行业政策无法聚焦，存在“泛绿化”现象。其次，受资源禀赋、科技政策等诸多方面的限制，当前可再生能源行业与环保行业还无法完全取代传统能源行业对国民经济的贡献，限制了绿色行业信贷在整个信贷体系里的占比，从而容易导致过度投资等问题。再次，绿色企业将信贷资金用于非主营业务活动，同样无法获取环境绩效。最后，两高一剩行业对国民经济的支撑作用不能忽视。过度压缩两高一剩企业的信贷规模，将造成以降低两高一剩企业的经济增长为代价获取环境绩效的伪环保。啄序假说认为内部资金和外部资金的使用之间存在一种反比关系[170]，即外部融资的减少会得到内部融资的补充，简单地以监管方式控制信贷敞口很难实现传统两高一剩企业的经济转型。

（2）资金—生态创新—环境绩效的路径。将绿色行业信贷视为绿色信贷，是对绿色信贷内涵的狭义化。有别于行业划分标准，以生态创新作为绿色信贷获取环境绩效的路径，可以有效避免绿色行业的过度投资，可以缓解一般行业的融资困难，还可以推动两高一剩行业的绿色经济转型，有利于绿色信贷的可持续发展。

2.2.2 面向企业环境绩效的绿色信贷授信路径解析

本书认为，面向企业环境绩效的绿色信贷，以生态创新活动为授信对象。生态创新被广泛地认同为是能够帮助企业减少环境负面影响，同时在市场竞争中取得竞争优势的来源[156,171]。大量文献在对生态创新维度多样性[171]争论的同时，肯定了生态产品创新、生态过程创新和生态组织创新的类型界定[172,173]。因此，在企业的生产运作实践里引入生态创新，意味着在考虑市场需求变化以及环境敏感性和生态意识的基础上[174]，实施新的或改进的产品、过程或组织方法[142]，以追求经济和环境的双重外部性效应[61]。

生态创新对环境绩效的影响，可以认为是通过改变企业的生产运作水平而实现。首先，虽然生态组织创新通常不会直接减少环境影响，主要是促进生态过程创新和生态产品创新的实施[175]，但是有效的生态组织创新可以更新组织的惯例[172]，进而提升企业的管理技术水平。从工业工程的角度，管理技术水平的提升意味着浪费的减少和效率的提高，这本身就会创造一种节能的环境绩效。其次，生态产品创新是以产品的生态设计为目的的创新[176]，旨在减少生态产品整个生命周期中的环境影响[172]。由于制造产品所用的材料以及产品本身的结构特性都会对环境产生影响[173]，改进产品物料投入的种类和质量有助于减少废物和碳排放，提升产品结构性能的可持续性有助于减少能源消耗，而这些生态产品创新的活动都与企业的工程技术水平直接相关。最后，企业减少生产过程中对环境的影响主要来源于生态过程创新。生态过程创新是对现有生产过程进行改进或增加新的生产过程以减少对环境的影响，这种创新可以是加法解决方案，也可以通过替代投入、优化生产、回收产出等方式融入生产过程[61]。生态过程创新改变了企业的自动化程度、设备的能源消耗和排放水平。特别是管道末端解决方案和综合清洁生产技术[177]，以提升企业的设备水平达到降低能源排放系数、减少排放量的环境目标。因此，生态创新可以通过改变企业的技术水平和管理水平来获得节能和减排的环境绩效。

银行作为企业的利益相关者之一，可以通过给予企业信贷支持来驱动企业开展生态创新。企业开展生态创新的驱动因素分为内部和外部两类。从内部来说主要是环境意识和技术能力[156,178]。企业管理层的环境意识对公司应对环境问题的范围和速度有积极的影响[148]。由环境意识培育出的环境愿景[147]和环境文化[179]又为企业的环境创新战略[180]奠定了基础。环境创新战略则指引着企业采用生态创新[156]。技术能力反映了企业能够取得竞争优势的有价值的、稀有的、独特的、不可替代的（VRIN）资源[181]的有效性及可用性。更高技术能力的企业拥有更多开发新产品和新工艺的知识资源储备和更大成功的概率[178]，也就是 Baumol[182]所描述的创新孕育创新的路径。尽管内部因素对企业开展生态创新有很大的驱动作用，但许多文献提供了实证证据，指出外部因素具有更大的驱动作用[177]。在外部因素里，监管压力、市场需求以及合作要求是最常被提及的驱动因素。监管压力来自政府，不遵守政府制定的环境法规可能会给公司带来巨大损失[183]。市场对环境友好型产品的需求正在增加，这个细分市场具有市场利基[184]。超过最低限度合规要求的企业可以依靠生态创新的先驱者来享受先动优势，从而建立企业的绿色形象。但是当企业达到监管的最低要求，市场绿色需求不明显时，仅凭内生动力很难维持企业可持续的开展生态创新。因此外部合作可以在资源层面给予企业更多的激励和驱动。由于生态创新的系统性和复杂性，外部合作的驱动作用被很多文献所强调[156]。银行作为企业的外部利益相关者之一，能够为企业提供重要的资金资源，以克服企业开展生态创新时所遇到的资金不足的障碍[159]。

2.3　面向企业环境绩效的绿色信贷授信机制

2.3.1　授信机制理论解析

在管理学领域，尽管很多文献对机制问题进行了研究和探讨，但是都有意或无意地忽视了对“机制”一词的明确解释和定义。机制具有内在目的性，是某一项活动或过程实现目标的路径。例如 Anand 等[185]将团购视为一种价格发现机制，可以帮助卖家在需求不确定性的情况下确定最优价格，而 Jing 等[186]则认为，团购是一种信息和知识分享的机制，通过人际影响激励老顾客向新顾客推销产品。可以看到，价格发现以及信息与知识分享都是团购机制的途径，是从不同角度对团购活动作用的解释。

另外，机制还具有外在表现性，由活动或过程的运行方式所反映。例如，在 Williamson[187]对公司治理机制的描述里，不同的治理形式是采用不同的手段来建立秩序和规范交易。而 Bushee 等[188]则用董事会规模、独立董事比例等董事会特征，以及公司章程中规定的股东权利来代理公司治理机制。

在经济学领域，机制设计的研究对象主要是不对称信息系统。机制设计理论是在以自愿选择和自由交换为特征的分散决策条件下，为给定的目标设计一种经济机制，确保市场参与者的个人利益与机制设计者预期的目标一致，从而实现激励相容。在给定条件和目标下设计最优机制，应满足信息性、说明性和预测性三个标准[189]，因此可以看作一个标准的优化问题。

在本书的研究环境里，信贷是一种有条件的价值运动形式，包含着银行存款、贷款以及企业还款等信用活动，而授信则是银行将资金资源借给企业的过程。授信机制，是在授信过程里，银行将资金资源借给企业的方式和条件。授信机制的有效性，表现为授信过程导致的授信结果实现授信目的的程度；而授信机制的可持续性，则表现为授信条件对授信结果影响的稳定性。

2.3.2 授信机制微观组成

如前所述，授信是一个过程，由程序组成，表现为流程。授信流程反映了银行从接收企业贷款的申请开始，到最终贷款资金收回的程序组合，而授信机制是授信目的实现的原理，是保证授信流程运行的规则。授信流程是授信的外在表现，授信机制则是授信的内在逻辑。

通过简要的程序来表现银行授信的基本流程：银行在接收到企业的贷款申请后，会根据授信政策指引、企业评级、经济状况等指标进行评估，授信审批通过后会进行信贷合同签订，根据合同发放授信，并在授信期限截止日期收回授信。授信机制的总体框架如图 2－4 所示。

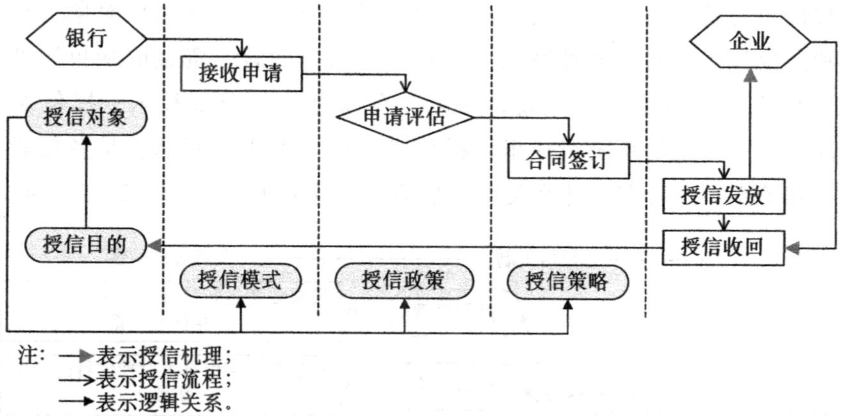

图 2-4　授信机制的总体框架

从图 2-4 基本的授信流程可以看到，银行将资金有条件地借给企业，企业在授信期限内将资金连本带息还给银行，完成一次信贷过程。授信机理表现为银行通过授信发放到收回的过程，实现授信目的的原因。授信模式则表现为企业向银行申请贷款的方式，具有抵押贷款、保证贷款等不同的模式分类。银行在确定是否授信时，需要考虑多方面的因素，其中，信贷政策的影响最为显著。不同时期的授信政策会导致银行对授信申请的审批态度不同。当签订授信合同时，尽管目前银行在确定利率和授信额度时，往往遵循风险与收益匹配的原则，但是不同的策略会直接影响到银行收益和企业融资成本，进而表现为机制的可持续性。

2.3.3　授信机制理论框架构建

1. 授信机制的分析结构

根据 2.3.2 节的研究结果，本书从授信机理、授信政策、授信策略和授信模式等方面分析绿色信贷的授信机制，各部分所要解决的问题如图 2-5 所示。

如前所述，绿色信贷与传统信贷的区别，在于授信目的的差异。传统信贷的授信目的，在于通过利息获得经济绩效，因此传统信贷的研究重点，在于授信发放到授信收回的过程里的风险防控，相应的授信机制也是围绕信用风险的降低而设计。尽管绿色信贷依旧脱离不了信用风险的影响，但是绿色信贷授信目的并不仅在于资金流动所带来的经济回报，因此绿色信贷的授信机制就与传统信贷存在本质上的差异性。

授信目的的不同会导致授信对象的选择差异。不同的授信对象会让资金投入和产出具有不同的属性特征。针对绿色信贷而言，资金的绿色属性是通过授信对象的资金用途所表现，因此，在绿色信贷资金投入—授信对象活动—环境绩效产出的系统组成里，授信机理所要解决的问题就是各要素之间是否存在关系，以及存在什么关系。授信机制的分析结构如图 2－5 所示。

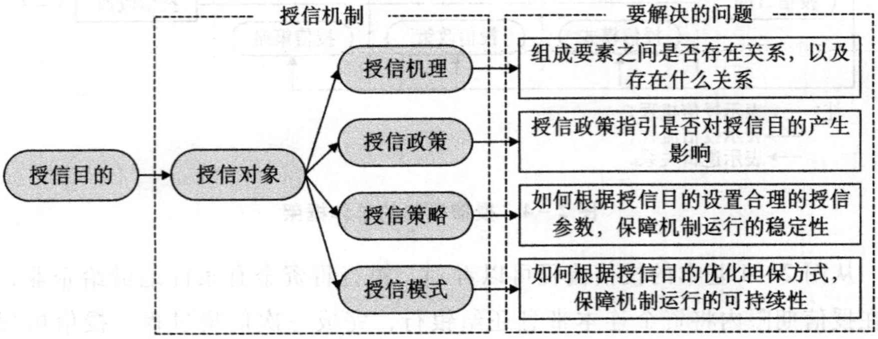

图 2－5　授信机制的分析结构

授信政策指引决定着银行对信贷申请的审批条件。因此，在明确绿色信贷授信机理的基础上，制定能够对授信目的产生正向影响的授信政策，是绿色信贷授信机制能够运行的前提条件。

绿色信贷授信机制的最终目的，是保证资金资源合理配置到能够产生环境绩效的企业活动中，因此可以从内部和外部两个视角来进行保障。从内部视角，根据授信目的设置合理的利率和授信额度，确保绿色信贷业务和能够获得环境绩效的活动成为银行和企业的均衡策略，以此实现激励相容，保障机制运行的稳定性。从外部视角，根据授信目的优化担保方式，缓解企业融资困难，利用差异性的信贷配给条件约束信贷资金的用途，以此保障机制运行的可持续性。

2. 面向企业环境绩效的绿色信贷授信机制特点

传统信贷、面向行业的绿色信贷和面向企业环境绩效的绿色信贷在授信企业类型、政策指引、授信策略、资金用途和授信目的等方面都存在差异，如表 2－2 所示。从授信企业类型来看，传统信贷和面向企业环境绩效的绿色信贷没有企业类型的偏向，而面向行业的绿色信贷具有显著的行业授信偏向。之所以出现行业授信偏向，原因在于面向行业的绿色信贷的政策指引是行政手段干预，而传统信贷和面向企业环境绩效的绿色信贷是一种市场手段的授信政策指引。不同类型的信贷差异如表 2－2 所示。

表 2 -2　不同类型的信贷差异

授信特点		传统信贷	面向行业的绿色信贷	面向企业环境绩效的绿色信贷
企业类型	两高一剩企业	√	×	√
	一般性企业	√	×	√
	绿色企业	√	√	√
政策指引	市场手段	√	×	√
	行政手段	×	√	×
授信策略	经济绩效最大化	√	√	×
	综合绩效最大化	×	×	√
资金用途	投资回报率最大的活动	√	√	×
	生态创新	×	×	√
授信目的	经济绩效	√	√	√
	环境绩效	×	√	√
	产业调整	×	√	×

3. 面向企业环境绩效的绿色信贷授信机制理论框架

信贷涉及银行和企业两个经济主体。银行通过授信政策和授信策略决定信贷资金资源的配置，企业通过资金资源的使用决定了绩效产出。面向行业的绿色信贷和面向企业环境绩效的绿色信贷，其授信机制在授信对象、授信机理、授信政策和授信策略方面都存在区别。因此，本书构建了面向企业环境绩效的绿色信贷授信机制理论框架，并将面向行业的绿色信贷授信机制进行对比。绿色信贷授信机制的理论框架如图 2 -6 所示。

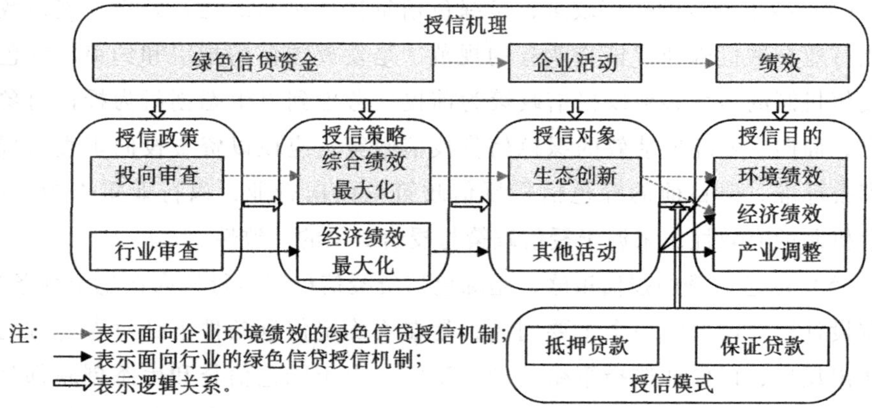

图 2 -6　绿色信贷授信机制的理论框架

面向企业环境绩效的绿色信贷授信机制，是在授信过程里，通过信贷资金资源的配置实现获取环境绩效目的的方式和条件。要构建有效的授信机制，需要明确授信对象，通过有效的授信政策、授信策略和授信模式，保障授信目的的实现。

（1）绿色信贷的授信目的，是绿色信贷存在的意义。授信目的的区别，会导致信贷授信对象和资金流动路径的差异，进而影响到授信机制的有效性。面向企业环境绩效的绿色信贷的授信目的，在于获得经济和环境的双重绩效。但是，面向行业的绿色信贷授信目的，除了经济绩效和环境绩效，还包括通过资金配置实现产业结构调整，这就是面向行业的绿色信贷和面向企业环境绩效的绿色信贷授信机制存在差异的原因。因此，绿色信贷授信机制的构建，必须以清晰的授信目的为基础。

（2）绿色信贷的授信对象，是绿色信贷授信目的实现的途径。资金本身并不产生价值，是通过流动创造价值。在理性经济人的框架里，资金回报率是吸引信贷投向的主要因素，但是负债率、资产规模、现金流等经济指标无法体现出企业活动对环境的影响。面向企业环境绩效的绿色信贷的授信对象，是企业的生态创新活动。以明确的授信对象，指引绿色信贷授信机制的实现。

（3）绿色信贷的授信机理，是绿色信贷授信目的实现的原因。从理论上来说，将可以获得双重外部性的生态创新活动作为授信对象，能够实现绿色信贷获取环境绩效的授信目的，但需要得到实证的检验。面向企业环境绩效的绿色信贷的授信机理，就是验证绿色信贷资金在获得环境绩效的路径上，生态创新活动的作用和影响。只有经过实证检验的授信机理，才能成为授信机制的理论依据。

（4）绿色信贷的授信政策，是绿色信贷授信机制的运行条件。授信政策是银行业金融机构开展信贷业务的规范，是发放授信的指引和约束。绿色信贷授信机制的运行必须以授信政策为前提。考虑到以生态创新为授信对象的特点，面向企业环境绩效的绿色信贷授信政策，应该以资金投向审查为授信的审批标准，但目前的绿色信贷授信政策是面向行业，以行业审查为标准。授信机制的有效性，来源于授信政策与授信对象的一致性。

（5）绿色信贷的授信策略，是绿色信贷授信机制运行的内在稳定性条件。机制设计所要解决的一个主要问题，是在不确定信息条件下针对参与方的偏好作出反应，以保证选择策略的动态稳定。由于绿色信贷和生态创新都具有环境和经济的双重外部性，因此面向企业环境绩效的绿色信贷授信策略，需要以包含环境绩效和经济绩效的综合绩效最大化为原则。这种多属性效用的授信策略，突破了面向行业的绿色信贷以经济绩效最大化为原则的传统框架。

（6）绿色信贷的授信模式，是绿色信贷授信机制运行的外在保障方式。抵押贷款和保证贷款等不同的贷款模式对银行的授信风险，以及企业的融资成本和信贷可得性都有直接影响。尽管信贷资金的安全性和融资的难易性是银行和企业在选择模式时主要考虑的因素，但是对于绿色信贷，特别是面向企业环境绩效的绿色信贷而言，不同的贷款模式对实现授信目的的激励和保障作用存在差异。通过设置信贷配给条件，激励企业将信贷资金用于生态创新活动，可以保障绿色信贷授信机制的有效性。

面向企业环境绩效的绿色信贷的最大特点，在于授信对象从宏观的行业范围转向为微观的企业活动，将信贷资金用于能够为企业提升环境绩效的生态创新活动，以环境绩效作为评价信贷资金绿色属性的标准。因此，可以在验证以生态创新为中介的授信机理的基础上，从授信政策、授信策略和授信模式等方面构建面向企业环境绩效的绿色信贷授信机制，实现以信贷手段获得环境绩效的授信目的。

2.4　本章小结

本章在解析绿色信贷内涵的基础上，明确了绿色信贷的授信目的。绿色信贷与普通信贷的区别，在于由信贷资金的用途减少对环境负面影响的程度所反映的绿色属性。继而根据授信目的的差异，将绿色信贷划分为面向行业的绿色信贷和面向企业环境绩效的绿色信贷。面向企业环境绩效的绿色信贷是银行业金融机构以社会责任为核心价值导向，通过制定差异化的信贷额度和贷款利率，推动企业开展生态创新以提升生产运作水平，从企业的结构升级上实现节能减排目标、获得环境绩效的信贷手段。其授信机制由授信机理、授信政策、授信策略和授信模式等方面所反映。从绿色信贷的概念化理论到创建与授信机制相关的评估标准，本章提出的绿色信贷授信机制框架建立了测试理论有效性的研究议程，为其后章节的研究奠定了理论基础。

第3章

面向企业环境绩效的绿色信贷授信机理研究

第2章进行了面向企业环境绩效的绿色信贷理论研究，指出面向企业环境绩效的绿色信贷以生态创新为授信对象，以获得环境和经济双重绩效为授信目的。尽管从理论上来说，生态创新的双重外部性特征与绿色信贷的双属性特征具有一致性，但还缺乏实证支持。本章利用结构方程模型考察绿色信贷对环境绩效影响，以及生态创新的中介作用。本章的贡献在于针对绿色信贷授信机制的授信目的有效性问题，实证检验面向企业环境绩效的绿色信贷授信机理，为授信机制的有效性提供经验证据。

3.1 引言

环境绩效是绿色信贷的主要授信目的，但绿色信贷对环境绩效的影响还存在不一致的实证结论。Sun 等[190]发现绿色信贷激励了企业减少污染物排放，蔡海静等[103]发现受绿色信贷政策影响大的城市排放量显著减少，然而 Liu 等[109]认为绿色信贷对环境污染的抑制效应会在长期后反弹，蔡海静等[102]认为绿色信贷还没有实现对企业的环境激励，Zhang 等[74]直接指出绿色信贷没有达到预期目标。

出现不一致实证结论的原因，一方面，由于信贷的商业隐私性和企业环境绩效披露的不完整性，导致实证数据不易得；另一方面，由于理论的不清晰，没有明确区分面向行业的绿色信贷和面向企业环境绩效的绿色信贷，导致内在影响机理的混淆。

如果绿色信贷不能获得环境绩效，信贷资金的绿色属性也就不复存在，可持续特征就更无从说起。如第 2 章所述，绿色信贷需要通过企业活动才能获得相应的绩效，企业活动的开展需要得到信贷资金的支持。资金是企业不可或缺的重要资源之一，资金资源具有资源转化的特性，相比其他的劳动力资源更加灵活。特别是当面对日益激烈的市场竞争和环境风险的双重压力时，企业要想通过绿色发展获得竞争优势，资金资源的作用就显得尤为重要。

尽管一些文献在实证上证明了生态创新对环境绩效的正向影响，但还没有文献研究作为资源输入端的绿色信贷对生态创新和环境绩效的影响作用。因此，在第 2 章理论研究的基础上，本章通过实证检验绿色信贷对环境绩效的影响和生态创新的中介作用，以此明确面向企业环境绩效的绿色信贷授信机理。

本章的贡献在于：①构建了绿色信贷、生态创新与企业环境绩效的结构方程模型，在实证上发现了生态创新的中介效应，为面向企业环境绩效的绿色信贷的授信机理提供了经验证据，验证了绿色信贷、生态创新和环境绩效之间因果关系的理论假设。②以企业价值链活动为出发点，从工业工程角度归纳了生态创新活动，以此制定了企业生态创新的量表，为明确面向企业环境绩效的绿色信贷授信对象提供了有价值的参考。

3.2　研究设计

银行通过与相关环境部门沟通，根据企业的实际情况，评定企业的授信等级，并批准符合要求的企业的授信申请。企业利用绿色信贷资金开展生态创新活动，在降低环境负外部性的同时，转变生产结构和经济发展模式。企业生态创新较于传统的技术创新，除了能够带来经济绩效之外，更显著的一点也是符合信贷方与政策方要求的一点，是能够带来环境绩效。

相较于传统的高耗能、低资源利用率的发展模式，企业在绿色信贷的外源激励下，具有足够的动力进行生态创新，从而获得经济绩效和环境绩效。双重外部性的影响范围不仅局限于企业，对于银行而言，企业的环境绩效越明显，越能够降低其对于企业的环境评估风险，同样也体现出绿色信贷授信目的的实现，可以正向刺激银行加大绿色信贷的力度。

从绿色信贷和企业生态创新的作用过程可以看到，两者存在着相互促进、相互影响的关系。银行给予符合授信条件的企业绿色信贷，企业在绿色信贷资金支持下开展生态创新活动，企业生态创新产生经济绩效和环境绩效。考虑到企业的生态创新可以从类型上分为生态组织创新、生态产品创新和生态过程创新，不同类型的生态创新对信贷资金的需求，及对环境绩效的影响存在差异。因此，构建面向企业环境绩效的绿色信贷授信机理的理论模型，试图解释绿色信贷通过企业生态创新对环境绩效产生影响的授信机理，对提出面向企业环境绩效的绿色信贷授信机制具有指导作用。授信机理的理论模型如图3-1所示。

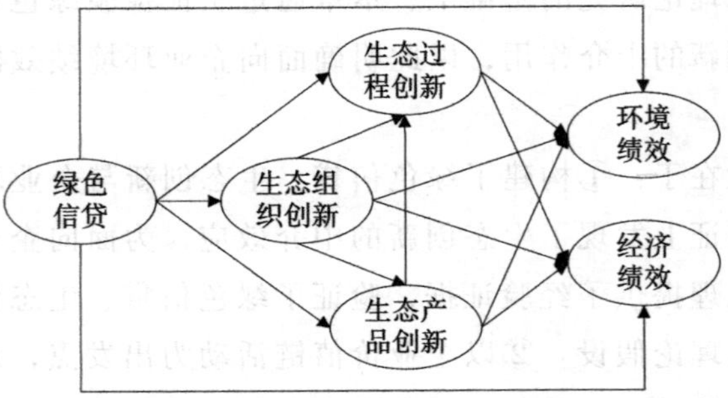

图3-1 授信机理的理论模型

3.2.1 理论假设提出

1. 绿色信贷与环境绩效

从新古典主义观点和新自由主义经济理论出发，最佳的信贷策略是以投资的短期视角和追求高回报率，最大化贷款息差的收益，实现股东价值最大化。这种关注个体利益最大化的观点被主流的新古典主义金融理论所认可，但在集体层面可能造成灾难性的影响，例如2008年的金融危机就是源自对次级借款人的过度借贷。

由于不受监管的信贷市场和信贷行为会给社会带来巨大的成本和风险，政府实施金融监管可以弥补信贷市场的缺陷，提高资源配置效率。但是金融压抑和金融深化等金融自由化理论观点对金融监管的效率问题提出质疑。争论的本质还是集中在金融机构利润和社会整体收益的不一致性。政府监管的目的是将信贷活动对社会造成的风险或成本转嫁给金融机构，而政府和金融机构之间的必要不相容关系使两者价值观产生矛盾，特别是在面对可持续性的挑战时，这种矛盾表现尤为明显。

如果说之前对主流金融观点的质疑主要集中在量的方面，可持续金融的兴起则导致主流金融观点发生深刻的质变[36]。以环境问题为代表的可持续挑战使利润私有化、成本社会化和负外部性等主流金融的弊端受到强烈的批评。股东、政府和社会等利益相关者都希望在面对环境问题时，金融体系能够从主流观点的经济单维度绩效转变为包含经济和环境的多维度绩效。尽管让金融机构同时身兼创造财富和承担社会责任的双重目标可能不够理性，但是，包含环境绩效的利益相关者福利对创造股东价值来说，比个体经济绩效更为重要，金融机构需要为金融活动对社会的影响承担更大的责任[191]。

绿色信贷可以被认为是信贷制度在环境恶化、低碳经济等外部冲击下开放的结果。考虑到实体经济的绿色转型需要大量的资金支持，如果单纯从投资回报率、资本损失率等经济指标进行授信决策，银行很难在环境的可持续发展方面发挥核心作用。为减轻或避免与贷款项目有关的环境负面影响，赤道原则把项目融资中模糊的环境标准明确化、具体化，鼓励银行将信贷资金更多地投向可以产生环境绩效的活动或项目，以此成为绿色信贷授信审查的原则框架[192]。

赤道原则体现了银行的社会责任，有助于表明其道德和偏好立场。但是赤道原则的自愿性质，使绿色信贷的发展受到利润最大化主流观点的极大制约。虽然金融短期主义迟早将被证明是不可持续的，但是目前也没有充足的证据支持绿色信贷所取得的环境绩效与经济绩效之间的正相关。而且金融机构不愿在自愿性的原则中嵌入任何问责机制，这将导致赤道原则合法性的下降。另外，没有更详细的信息披露和标准化的绩效评估体系，也很难衡量赤道原则对环境产生的影响程度[13]。

新古典主义的市场方法不再是实现可持续发展的唯一途径和有效指南。以中国的绿色信贷政策为代表的政府监管方式有效指导银行信贷资金的流向，在不同行业之间进行有目的的资源分配，从制度上快速推动绿色信贷的发展。但是有些绿色项目的经济效益无法得到保障，投资回报率较长，腐败阻碍银行的绩效和稳定性等问题[90]都还没有得到解决。政府监管的可持续性也存在着相当的质疑。

总而言之，尽管还没有完全颠覆主流金融理论，但以利益相关者理论、金融监管理论和可持续发展理论为基础的绿色信贷可以让银行降低所面临的环境风险，并从经济挑战和可持续性挑战的相互作用中获益。不管是自愿性质的赤道原则，还是行政方式的政府监管，绿色信贷的本质都是通过获取环境绩效来创造多元价值。在衡量绿色信贷的作用和效果时，环境绩效应该和经济绩效一样，是不能被忽略的关键指标。因此，提出以下理论假设：

H1a：绿色信贷正向影响环境绩效。

H1b：绿色信贷正向影响经济绩效。

2. 生态创新与环境绩效

随着理论的深入和实证的丰富，生态创新的内涵在不断拓展和延伸。生态创新被认为是能显著减少环境影响、提供客户商业价值的新产品和过程。对企业或客户而言是新的商品、服务、组织或管理方法。生态创新是系统的、技术的过程，也是企业实现的可以促进可持续发展的产出[156]。生态创新的主体是企业组织，不管是活动还是过程，不管是产品还是服务，都是企业组织内部要素行为的外在呈现，是企业组织行为的最终表征。因此，可以认为企业生态创新是在促进企业经济发展的同时，提升企业组织内部环境效率，降低企业组织对外部自然环境影响，新的或改善的，并可持续发展的企业组织行为。

虽然生态创新的类型还没有明确的界定，但是根据《奥斯陆手册》对创新类型的界定，生态过程创新、生态产品创新和生态组织创新得到生态创新文献的普遍认可[172,173]。结合波特的价值链模型和企业能力理论的观点，本书将生态过程创新、生态产品创新和生态组织创新分别对应企业的制造过程阶段、产品开发阶段和组织阶段的企业创新性行为，以便概念的界定和后续的测量。

生态过程创新是利用新的或改善的方法改变现有的工艺过程，以达到降低成本、减少能源消耗并降低污染物排放的目的。在产品的制造过程里，以技术为重点的创新主要集中在末端治理和集成清洁生产技术。末端治理通常是为了遵守环境法规而在工艺规程里增加的，与污染控制、废物管理和环境监测有关的附加措施。而集成清洁生产技术是通过采取新的绿色能源、清洁生产等技术或方法变更工艺规程，以减少制造过程里的环境负面影响。因此，提出以下假设：

H2a：生态过程创新正向影响环境绩效。

H2b：生态过程创新正向影响经济绩效。

生态产品创新是通过更换制造产品时所投入的原材料或改变产品的结构和功能特征，使产品满足环境要求并减少负外部性。产品开发是一个复杂的迭代过程，从概念设计开始，到产品的发布结束。产品开发阶段的创新水平，直接影响到制造阶段的生产效率、能源消耗和污染物排放，以及产品使用过程中的能耗。技术的进步和经济的增长往往导致产品生命周期的缩短[193]。受激烈的市场竞争和缩短的产品生命周期的影响，企业独特的绿色能力在一定程度上表现为产品的结构设计水平和功能设计水平，而这也就是自然资源基础观的竞争优势来源。蕴含环境意识的产品结构和功能创新可以提供更具市场竞争力和有益环境的新产品，原材料的材料特性直接影响到产品的可持续性[173]，因此，提出以下假设：

H3a：生态产品创新正向影响生态过程创新。

H3b：生态产品创新正向影响环境绩效。

H3c：生态产品创新正向影响经济绩效。

生态组织创新是依靠新的或显著改进的科学管理方法，改变企业的组织惯例，以提升环境意识并培育生态文化。科学管理改变了现代组织的概念，使组织由科学原则所驱动。作为科学管理的核心目的，提高效率和消除浪费的本质就是降低成本和减少环境影响。对于企业而言，采用先进的科学管理方法来推动生态产品创新和生态过程创新，离不开对组织惯例的持续变革。组织惯例是组织行为的重要组成部分，企业通过改变惯例来改变运作方式和流程。组织惯例会通过管理制度得到反映，具有环境意识的管理制度可以有效保障组织惯例在环境保护方面的稳定性和持续性。组织创新可以创造更好的组织内协调和合作机制，能够为产品创新和过程创新的发展提供适宜的组织内部环境，使组织各部门之间具有功能上的相互作用[157]。因此，提出以下假设：

H4a：生态组织创新正向影响生态过程创新。

H4b：生态组织创新正向影响生态产品创新。

H4c：生态组织创新正向影响环境绩效。

H4d：生态组织创新正向影响经济绩效。

3. 绿色信贷与生态创新

早在凯恩斯的货币理论就已肯定了信贷对实体经济产出的重要性。信贷加强了传统货币的传导机制，可以在短期推动经济增长已成为理论共识。虽然企业可以利用留存收益弥补外部融资的不足，但是内部资金和外部资金并不是完美的替代品，外部融资受限的企业也不会随着内部资金的增加而减少对外部融资的需求[194]。外部融资约束会对企业的现金持有量、企业股息和经营效益产生影响，同样影响到企业的创新投资决策[170]。

虽然在理论上，债务合同可能不适合为高风险性的创新活动提供资金，而且创新支出对银行信贷的敏感性也存在争议，但是信贷对创新的正向影响得到很多实证证据的支持。银行业的发展影响了企业过程创新的可能性。银行放松管制会对创新活动的数量和质量有显著的积极影响[195]。在金融危机期间，与银行有业务关系且银行间市场依赖程度较高的企业创新活动的减少程度高于其他企业。

主流的信贷观点是根据企业的财务报表状况、抵押品价值和行业特征等经济因素进行授信决策，但是绿色信贷授信决策的关键在于正确识别经济活动的外部性。而生态创新是将环境政策融入创新战略和竞争力的有效途径，可以促进企业向绿色经济转型，但资金约束又是阻碍其发展的重要原因[196]。因此，提出以下假设：

H5a：绿色信贷正向影响生态过程创新。

H5b：绿色信贷正向影响生态产品创新。

H5c：绿色信贷正向影响生态组织创新。

3.2.2 变量量表设计

本章的数据来自调查问卷。由于截至目前，生态创新还没有公认且通用的量表，因此遵循演绎量表开发程序[197]，在整理以往生态创新概念和定义的基础上，将现有的生态创新量表进行了统计归纳，以此确定变量及生成题项，并采用李克特五级量表进行题项量化。

因为本章以企业价值链活动为基础，从工业工程的角度对生态创新的量表进行了优化设计，在大规模发放问卷之前，为了保证题项表述的准确性，请3位学术专家和5位企业管理人员对问卷进行了预览。3位学术专家分别是工商管理专业、工业工程专业和管理科学与工程专业的资深教授，5位企业管理人员中有1位是总经理，1位是财务总监，3位是生产部经理。他们提供的意见帮助改进了一些语句的表述，使量表更贴合生产实际。

1. 绿色信贷和环境绩效

在潜变量的测量方面，由于商业隐私性，难以获得企业真实的信贷数据和环境绩效数据，为保持标度一致，绿色信贷和企业绩效也都采用量表方式进行测量。用贷款的利率、还款期限、额度和易得性4个题项测量绿色信贷，用产品的能源效率、单位产品的能耗和污染物的排放3个题项测量企业的环境绩效[173,178]，用净利润、总资产收益率和净资产收益率3个题项测量企业的经济绩效。由于企业在追求环境绩效时不可能脱离经济层面的考虑，因此在模型里增加企业经济绩效，可以与企业环境绩效进行对比，更好地展现绿色信贷对企业绩效的影响。

与Cheng等[172]、García - Granero等[178]文献一致，本书将企业的生态创新分为生态组织创新、生态产品创新和生态过程创新三种类型。

2. 生态组织创新

子维度包括生态文化构建、管理方法创新和管理制度优化。现有文献在测量生态组织创新时，最常见的一些题项往往存在模糊性和主观性的特点，例如公司管理层是否经常积极开展生态创新活动[172]、是否经常收集和分享生态创新趋势的信息[70]、是否在参与生态创新的各个部门之间交流经验[198]等。为了清晰地展现生态组织创新的范围界定，以及尽量用可知觉条目来客观评价，本书从企业管理的基本职能出发，首次将生态组织创新从文化、管理方法和管理制度三个方面进行测量，用举办环保主题和创新主题活动的周期、每年社会责任报告的差别这些可明确度量的条目取代以往量表中模糊的表述。另外，将是否使用新系统来管理生态创新[198]、是否打破以往的管理流程[197]等题项进行了分类整理，用生产模式的实施程度、现场管理方式的落实情况和持续改善的频率等条目测量管理模式创新，用环境管理体系的落实程度、质量管理体系的落实程度和管理体系内审周期等条目测量管理制度优化。

3. 生态产品创新

子维度包括概念设计创新、结构设计创新和功能设计创新。现有的生态产品创新量表，更多地关注产品的环境外部性影响，例如是否通过新技术简化产品的包装[172]、是否减少了废物造成的破坏[172]、是否强调对新产品零部件的回收利用[198]、是否减少了产品售后的能源消耗，还有一些题项存在语义重叠，例如是否简化了产品的结构[172]和是否减少了产品部件数量[173]，是否减少了原材料的使用[173]和是否减少了能源消耗[198]。考虑到无论是渐进式创新产品还是突破式创新产品都与产品开发流程紧密相关，本书从工业工程的角度通过产品开发流程最重要的三个阶段（即概念设计、结构设计和功能设计）归纳生态产品创新的测量题项。用TRIZ等先进设计理论、考虑人机工程学因素和新型材料的选用等条目测量概念设计创新，用先进的CAD软件的使用程度、可回收的零部件在产品中的占比和产品结构简化的幅度等条目测量结构设计创新，以及用产品生命周期的变化趋势、简化产品包装的周期和与节能环保相关的专利申请数量等条目测量功能设计创新。

4. 生态过程创新

子维度包括工艺规程创新设计、工艺装备创新设计和过程改善。虽然有文献采用新机器设备或新的生产方法是非绿色的过程创新实践，而可持续地利用自然资源和环境技术，以及废物的回收和处置才是绿色的过程创新实践。但是对于制造型企业来说，工艺规程和工艺装备是组成工艺过程的不可分割的部分。工艺规程是企业指导产品加工和工人操作的主要工艺文件，是企业组织和控制生产的基本依据。而工艺装备则包含着制造产品所需的各种工具。工艺规程的变化会导致工艺装备和生产设备的调整，但是在一定的工艺规程条件下，对设施设备的调整都应归于过程改善。因此，用CAPP在工艺设计里占的比重、考虑环境因素而更新工艺过程的频率、清洁能源在企业能源消耗里占的比重和工序设计时考虑能源消耗的程度等条目测量工艺规程创新设计，用CAE在工艺装备设计里所占的比重、考虑环境因素而更换或改进工艺装备的频率和节能减排设备在工艺装备里所占的比重等条目测量工艺装备创新设计，以及用CAM在过程改善里所占的比重、工业工程方法在过程优化里的重视程度、产品逆向回收和再制造的实施程度和对绿色供应链评估和优化的重视程度等条目测量过程改善。这些题项，也是对以往生态过程创新量表的归纳和整合。例如，将是否经常创新地更新生产工艺以防止污染[172]、使用更清洁的技术来节约和防止污染、使用更清洁的技术来节省开支和防止污染[178]等归于工艺规程创新设计。将组件重用[173]、在生产过程中创新性地引进新技术或新设备[172]等归于工艺装备创新设计。具体的量表见附录二。

3.2.3 研究样本与数据特征

制造业是中国实体经济的重要支撑，也是能源消费和环境污染的主要来源之一。“中国制造2025”的提出，使制造业的经济发展和转型升级在国家战略层面得到高度重视。由于中国是银行主导型的金融市场结构，银行信贷是制造型企业主要的外部融资渠道，制造业在银行业金融机构的人民币贷款余额中占有16%左右的份额，因此信贷政策的调整对制造业具有重大的影响。另外，在向可持续的生产模式转型过程中，生态创新对制造业的影响和作用最为突出[157,197]。因此，问卷发放的对象，主要是我国的制造型企业。

本书作者从2016年至2019年，利用多种渠道发放调查问卷，例如和中国教育部合作，利用每年 8 月的蓝火计划，实地走访泰州、德州、温州、惠州、百色等地的工业园区；在各大高校寻找符合条件的 MBA；通过第三方环境检测机构向相关企业发放问卷，以及和第三方问卷调查平台合作。共计发放问卷 624 份，回收有效问卷 376 份，有效回收率 60.26%。样本特征的描述性统计如表 3－1 所示。

表 3－1　样本特征的描述性统计

基本信息	分类	频次	百分比（%）
员工人数	300 人以下	133	35.37
	300—1000 人	137	36.44
	1000 人以上	106	28.19
年均营业收入	2000 万元以下	118	31.38
	2000 万—4 亿元	183	48.67
	4 亿元以上	75	19.95
成立时间	6 年以下	169	44.94
	6—12 年	154	40.96
	12 年以上	53	14.10

3.3　实证结果

采用 SPSS 和 Amos 21 软件进行统计分析，以检验绿色信贷授信机制的理论模型。整个过程分为三个步骤，首先，进行探索性因子分析和验证性因子分析，确定量表的信度和效度；其次，利用结构方程模型表征和检验绿色信贷对环境绩效的直接或间接影响；最后，检验了生态创新的中介效应。

3.3.1　信度和效度检验结果

采用 Cronbach's Alpha 系数检验量表信度。结果显示，量表的总体 α 系数为 0.958。自变量绿色信贷的 α 系数为 0.776，生态组织创新、生态产品创新和生态过程创新等二阶中介潜变量的 α 系数分别为 0.970、0.968 和 0.972，因变量环境绩效和经济绩效的 α 系数分别为 0.878 和 0.966，均大于 0.70，量表的信度较高，各个变量之间具有较好的内部一致性。具体的 α 系数值如表 3－2 所示。

表 3-2 Cronbach's α 系数和测量模型的验证性因子分析

构念		题项	α	CR	AVE	T 值	因子载荷
绿色信贷		GC1	0.776	0.777	0.465	—	0.699
		GC2				10.874	0.701
		GC3				10.192	0.650
		GC4				10.372	0.677
生态组织创新	生态文化构建	EOGI11	0.935	0.938	0.834	—	0.933
		EOGI12				27.052	0.871
		EOGI13				33.620	0.935
	管理方法创新	EOGI21	0.952	0.953	0.872	—	0.938
		EOGI22				36.576	0.943
		EOGI23				33.223	0.921
	管理制度优化	EOGI31	0.941	0.945	0.852	—	0.937
		EOGI32				36.079	0.943
		EOGI33				29.378	0.888
生态产品创新	概念设计创新	EPDI11	0.937	0.938	0.835	—	0.927
		EPDI12				32.302	0.922
		EPDI13				28.630	0.893
	结构设计创新	EPDI21	0.916	0.916	0.784	—	0.858
		EPDI22				23.459	0.879
		EPDI23				25.431	0.918
	功能设计创新	EPDI31	0.915	0.916	0.785	—	0.842
		EPDI32				23.293	0.904
		EPDI33				23.753	0.911
生态过程创新	工艺规程设计	EPCI11	0.937	0.938	0.790	—	0.887
		EPCI12				25.698	0.890
		EPCI13				25.818	0.890
		EPCI14				25.122	0.887
	工艺装备设计	EPCI21	0.905	0.904	0.759	—	0.839
		EPCI22				22.112	0.877
		EPCI23				22.785	0.897
	过程改善	EPCI31	0.945	0.946	0.815	—	0.860
		EPCI32				27.190	0.942
		EPCI33				23.656	0.88
		EPCI34				26.027	0.926

续表

构念	题项	α	CR	AVE	T 值	因子载荷
环境绩效	ENP1	0.878	0.883	0.716	—	0.806
	ENP2				18.365	0.919
	ENP3				16.848	0.808
经济绩效	ECP1	0.966	0.966	0.905	—	0.946
	ECP2				38.950	0.949
	ECP3				40.981	0.959

1. 探索性因子分析检验结果

由于目前还没有关于生态创新的通用量表，因此首先采用探索性因子分析评价量表的构建效度。结论显示，KMO 取样适切性量数为 0.946，大于 0.6 的评判标准。经 Bartlett 的球形度检验，近似卡方为 16706.849，显著性概率为 0.000，表明在 1% 的显著性水平上拒绝原假设，该量表题项的相关系数矩阵不可能是单位矩阵。另外，反映像相关矩阵显示最小的取样适当性度量（MSA）为 0.829。因此，本量表具有较好的结构效度，可以进行因子分析。

采用主成分分析法提取公共因子。所提取的公因子方差最低为 0.596，远大于 0.16，提取效果可以接受。附录三报告了总方差解释。可以看到，特征值大于 1 的因子有 6 个，解释了测量题项总变异的 79.763%，测量题项的信息遗失量不多，因此该因子分析的效果较好。

采用 Promax 旋转，旋转在 6 次迭代后收敛。旋转前后的因子成分矩阵见附录四。可以看到，收敛后的效果较为理想。第 1 个因子代替了 EPCI11—EPCI34 总共 11 个测量变量的作用，这些变量都是生态过程创新方面的测量指标，因此第 1 个因子也就是生态过程创新。同理，第 2 个因子代替了 EOGI11—EOGI33，即生态组织创新因子。第 3 个因子代替了 EPDI11—EPDI33，即生态产品创新因子。第 4 个因子代替了 GC1—GC4，即绿色信贷因子。第 5 个因子代替了 ECP1—ECP3，即经济绩效因子。第 6 个因子代替了 ENP1—ENP3，即环境绩效因子。6 个公共因子与本书的理论框架相符，没有跨因子分配情况产生。综上所述，整个问卷题项通过了效度检验。

2. 验证性因子分析检验结果

由于绿色信贷、环境绩效和经济绩效 3 个因子是一阶潜变量，而生态组织创新、生态产品创新和生态过程创新等因子都是二阶潜变量，因此首先针对二阶潜变量进行验证性因子分析。结果显示，3 个二阶潜变量验证性因子分析的目标系数为1，反映二阶因子模型具有良好拟合。

其次评估了潜变量之间的结构效度和区别效度。测量模型由绿色信贷、环境绩效、经济绩效、生态组织创新（包含三个子维度：生态文化构建、管理方法创新和管理制度优化）、生态产品创新（包含三个子维度：概念设计创新、结构设计创新和功能设计创新）以及生态过程创新（包含三个子维度：工艺规程设计、工艺装备设计和过程改善）等潜变量以及39个测量题项组成。

表3-2报告了测量模型的验证性因子分析结果。和Gbongli等[199]一致，通过因子载荷、组合信度（CR）和平均方差提取值（AVE）来估计结构的可靠性。可以看到，所有的因子载荷都大于0.5，且都在1%水平下显著，说明量表中的测量题项和潜因子之间具备较强的相关关系。另外，所有潜因子的组合信度都大于0.7，AVE都大于0.4，说明量表数据具有良好的收敛效度。Cronbach's α 系数和测量模型的验证性因子分析如表3-2所示。

表3-3报告了绿色信贷、生态组织创新、生态产品创新、生态过程创新、环境绩效和经济绩效等潜变量的相关系数及AVE的平方根。可以看到，所有潜变量在1%水平下都呈现出显著正相关。所有潜变量的AVE平方根均大于其相关系数，说明量表数据的区分效度良好。另外，采用卡方差异检验区分效度，如表3-4所示。结果显示，6因子的假设模型拟合效果最佳，进一步证明量表具有良好的区分效度。Pearson相关系数和AVE平方根如表3-3所示，收敛效度的卡方差异检验和共同方法偏差检验如表3-4所示。

表3-3 Pearson相关系数和AVE平方根

	均值	标准差	1	2	3	4	5	6
1. 绿色信贷	2.784	0.830	**0.682**					
2. 生态组织创新	2.848	1.370	0.208**	**0.949**				
3. 生态产品创新	2.863	1.261	0.225**	0.380**	**0.978**			
4. 生态过程创新	3.039	1.228	0.235**	0.398**	0.296**	**0.973**		
5. 环境绩效	2.601	1.259	0.183**	0.275**	0.438**	0.332**	**0.846**	
6. 经济绩效	2.950	1.373	0.351**	0.507**	0.503**	0.431**	0.338**	**0.951**

注：n=376；** 在0.01水平（双侧）上显著相关；对角线上加黑数据为AVE的平方根。

表 3－4　　收敛效度的卡方差异检验和共同方法偏差检验

模型	χ^2	df	χ^2/df	TLI	CFI	RMSEA	SRMR	模型比较检验	
								$\Delta\chi^2$	Δdf
理论模型	1585.892	678	2.339	0.940	0.945	0.060	0.054	—	—
五因子模型 1	2802.007	683	4.102	0.862	0.872	0.091	0.146	1216.115	5
五因子模型 2	2705.878	683	3.962	0.868	0.878	0.089	0.154	1119.986	5
五因子模型 3	2161.945	683	3.165	0.903	0.911	0.076	0.076	576.053	5
四因子模型 1	3905.414	687	5.685	0.791	0.806	0.112	0.195	2319.522	9
四因子模型 2	3348.336	687	4.874	0.827	0.840	0.102	0.153	1762.444	9
三因子模型	4442.837	690	6.439	0.757	0.774	0.120	0.200	2856.945	12
双因子模型	4747.819	692	6.861	0.738	0.756	0.125	0.203	3161.927	14
单因子模型	5413.697	693	7.812	0.696	0.716	0.135	0.197	—	—
七因子模型	1575.422	677	2.327	0.941	0.946	0.059	0.056	—	—

注：①理论模型为六因子模型；

五因子模型 1：在理论模型的基础上，将生态组织创新和生态产品创新合并为一个因子；

五因子模型 2：在理论模型的基础上，将生态组织创新和生态过程创新合并为一个因子；

五因子模型 3：在理论模型的基础上，将环境绩效和经济绩效合并为一个因子；

四因子模型 1：在理论模型的基础上，将生态组织创新、生态产品创新和生态过程创新合并为一个因子；

四因子模型 2：在理论模型的基础上，将生态组织创新和生态产品创新合并，环境绩效和经济绩效合并；

三因子模型：在理论模型的基础上，将生态组织创新、生态产品创新和生态过程创新合并，将环境绩效和经济绩效合并；

双因子模型：在理论模型的基础上，将生态组织创新、生态产品创新和生态过程创新合并，将绿色信贷、环境绩效和经济绩效合并。

②模型比较检验，均为与理论模型的比较结果。

由于测量数据全部来自问卷调查，因此需要检验共同方法偏差。Antonakis 等[200]指出，在进行探索性因素分析时，如果单个因素占各测度总方差的 50% 以上，则存在严重的共同方法偏差。从附录三中可知，单因素解释的最大方差为 39.611%，小于 50% 的阈值，由此可知本量表不存在严重的共同方法偏差。考虑到单因子的方差解释率容易受到特质因子数量的影响[201]，另外使用单个 CFA[201]和增加方法因子[202]检验共同方法偏差，检验结果如表 3－4 所示。结果显示，单因子模型的 CFI 和 TLI 都小于 0.9，RMSEA 和 SRMR 都大于 0.1，模型拟合效果很差。而增加方法因子后，拟合指标都几乎保持不变，模型拟合并未得到大幅度改善，说明不存在严重的共同方法偏差[202]。

为了更全面、客观地评价模型的整体拟合，选择了绝对拟合指标和增量拟合指标等多种不同的拟合指标。尽管 χ^2 依旧是被公认的一个拟合统计量，本节的测量模型的卡方 P 值为 0.000，没有拒绝原假设，原因在于所使用的大样本的卡方统计量容易拒绝模型[203]。作为对卡方检验的补充，卡方自由度比值（χ^2/df）有效降低了样本敏感性，本节的测量模型的 $\chi^2/df=2.339<3$，满足检验标准。除此之外，绝对拟合指标还包括近似误差均方根（RMSEA）和标准均方根残差（SRMR）。增量拟合指标主要为比较拟合指数（CFI）。如表 3－4 所示，基准测量模型的 CFI = 0.945 > 0.90，TLI = 0.940 > 0.90，RMSEA = 0.060 < 0.08，SRMR = 0.054 < 0.08，各项拟合指标数据均在标准范围内，满足检验标准。结果表明，测量模型拟合良好。

3.3.2 绿色信贷对环境绩效影响的估计结果

结果显示，结构模型的 $\chi^2=1586.583$，P = 0.000，$1<\chi^2/df=2.337<3$，CFI = 0.945 > 0.90，TLI = 0.940 > 0.90，RMSEA = 0.060 < 0.08，SRMR = 0.054 < 0.08，各项拟合指标数据均在标准范围内，满足检验标准。理论模型的标准化路径系数和显著性如图 3－2 所示。

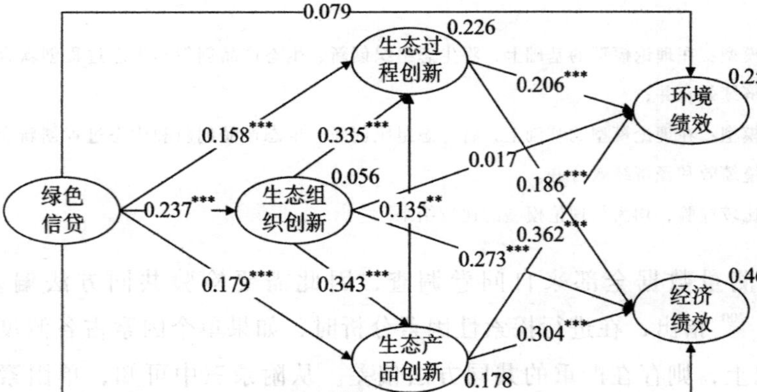

图 3－2 理论模型的标准化路径系数和显著性

从图 3－2 中可以看到，生态过程创新和生态产品创新对环境绩效的直接效应在 1% 水平上正向显著，而绿色信贷和生态组织创新对环境绩效的直接效应在统计学上不显著。与此同时，绿色信贷、生态组织创新、生态产品创新和生态过程创新对经济绩效的直接效应都在 1% 水平上正向显著。另外，绿色信贷对生态组织创新、生态产品创新和生态过程创新的直接效应也都在 1% 水平上正向显著。

表 3 - 5 报告了理论假设的检验结果。可以看到，虽然绿色信贷对环境绩效的直接效应在统计学上不显著，但是间接效应显著，总效应在 95% 置信区间上不包含 0，因此绿色信贷对环境绩效具有正向的完全中介效应，假设 H1a 得到支持。绿色信贷对经济绩效的直接效应、间接效应和总效应都在统计学上显著，假设 H1b 得到支持。生态过程创新对环境绩效和经济绩效的直接效应都通过了 P 值检验和区间检验，假设 H2a 和 H2b 都得到支持。虽然生态产品创新对生态过程创新的直接效应的置信区间包含 0，但是 P 值检验在 5% 水平上显著，而且置信区间的下限为 -0.006，非常接近 0，因此本书认为 H3a 也得到支持。生态组织创新对环境绩效的直接效应没有通过检验，但是间接效应和总效应通过了置信区间检验，生态组织创新对环境绩效的完全中介效应支持假设 H4c。假设检验结果如表 3 - 5 所示。

表 3 - 5　　假设检验结果

假设	路径	效应		检验		结论
				P	区间	
H1a	绿色信贷→环境绩效	总效应	0.234	—	[0.109　0.351]	√
		直接效应	0.079	0.178	[-0.041　0.205]	×
		间接效应	0.154	—	[0.092　0.230]	√
H1b	绿色信贷→经济绩效	总效应	0.405	—	[0.300　0.503]	√
		直接效应	0.211	***	[0.116　0.311]	√
		间接效应	0.194	—	[0.129　0.267]	√
H2a	生态过程创新→环境绩效	总效应	0.206	—	[0.069　0.353]	√
		直接效应	0.206	***	[0.069　0.353]	√
		间接效应	—	—	—	×
H2b	生态过程创新→经济绩效	总效应	0.186	—	[0.075　0.294]	√
		直接效应	0.186	***	[0.075　0.294]	√
		间接效应	—	—	—	×
H3a	生态产品创新→生态过程创新	总效应	0.135	—	[-0.006　0.276]	√
		直接效应	0.135	0.013	[-0.006　0.276]	√
		间接效应	—	—	—	×

续表

假设	路径	效应		检验		结论
				P	区间	
H3b	生态产品创新→环境绩效	总效应	0.389	—	[0.248 0.524]	√
		直接效应	0.362	***	[0.222 0.495]	√
		间接效应	0.028	—	[0.001 0.075]	√
H3c	生态产品创新→经济绩效	总效应	0.329	—	[0.214 0.432]	√
		直接效应	0.304	***	[0.188 0.415]	√
		间接效应	0.025	—	[0.001 0.066]	√
H4a	生态组织创新→生态过程创新	总效应	0.381	—	[0.275 0.490]	√
		直接效应	0.335	***	[0.215 0.454]	√
		间接效应	0.046	—	[0.000 0.104]	√
H4b	生态组织创新→生态产品创新	总效应	0.343	—	[0.232 0.452]	√
		直接效应	0.343	***	[0.232 0.452]	√
		间接效应	—	—	—	×
H4c	生态组织创新→环境绩效	总效应	0.220	—	[0.092 0.361]	√
		直接效应	0.017	0.770	[-0.119 0.169]	×
		间接效应	0.203	—	[0.131 0.293]	√
H4d	生态组织创新→经济绩效	总效应	0.448	—	[0.352 0.541]	√
		直接效应	0.273	***	[0.164 0.381]	√
		间接效应	0.175	—	[0.113 0.247]	√
H5a	绿色信贷→生态过程创新	总效应	0.272	—	[0.145 0.388]	√
		直接效应	0.158	0.006	[0.030 0.274]	√
		间接效应	0.115	—	[0.065 0.176]	√
H5b	绿色信贷→生态产品创新	总效应	0.260	—	[0.135 0.376]	√
		直接效应	0.179	0.002	[0.056 0.298]	√
		间接效应	0.081	—	[0.042 0.136]	√
H5c	绿色信贷→生态组织创新	总效应	0.237	—	[0.123 0.347]	√
		直接效应	0.237	***	[0.123 0.347]	√
		间接效应	—	—	—	×

3.3.3 生态创新的中介效应估计结果

由于生态创新在绿色信贷对企业绩效的影响过程里具有中介作用，结构模型是一种多重链式中介模型，因此按照 Hayes[204] 和温忠麟等[205] 的建议，采用偏差校正的非参数百分位 Bootstrap 检验中介效应。重复随机抽样，在原始样本数据中抽取 5000 个 Bootstrap 样本。

首先，在没有中介变量的情况下，绿色信贷对环境绩效的直接影响是正向显著的（$\beta=0.264$，$t=4.202$，$p<0.01$）①，对经济绩效的直接影响也是正向显著的（$\beta=0.421$，$t=6.795$，$p<0.01$）。加入生态创新作为中介变量后，绿色信贷对环境绩效的直接影响在统计学上不显著（$\beta=0.079$，$t=1.347$，$p=0.178$），但是基于 5000 个 Bootstrap 样本的 95% 偏置校正置信区间的中介效应是正向显著的。除了绿色信贷→生态组织创新→环境绩效路径之外，其他的 5 条间接路径的 95% 置信区间都不包含 0，说明系数乘积显著，生态创新的中介效应明显。因此，生态创新在绿色信贷对环境绩效的影响中具有完全中介作用。同时，由于绿色信贷对经济绩效的直接影响在统计学上正向显著，生态创新在绿色信贷对经济绩效的影响中具有部分中介作用。生态创新中介效应估计结果如表 3-6 所示。

表 3-6　生态创新中介效应估计结果

路径	点估计	Boot SE	Bias - corrected 95% CI	
			Lower	Upper
绿色信贷→生态过程创新→环境绩效	0.033	0.027	0.01	0.123
绿色信贷→生态组织创新→环境绩效	0.004	0.028	-0.042	0.068
绿色信贷→生态产品创新→环境绩效	0.065	0.041	0.032	0.196
绿色信贷→生态组织创新→生态过程创新→环境绩效	0.016	0.012	0.008	0.059
绿色信贷→生态组织创新→生态产品创新→环境绩效	0.029	0.017	0.02	0.089
绿色信贷→生态产品创新→生态过程创新→环境绩效	0.005	0.006	0.001	0.027
总中介效应	0.152	0.058	0.129	0.358
绿色信贷→生态过程创新→经济绩效	0.029	0.027	0.012	0.122
绿色信贷→生态组织创新→经济绩效	0.065	0.038	0.055	0.208
绿色信贷→生态产品创新→经济绩效	0.054	0.038	0.032	0.186

① β 是效应值，t 是 t 值，p 是 p 值，下同。

续表

路径	点估计	Boot SE	Bias - corrected 95% CI	
			Lower	Upper
绿色信贷→生态组织创新→生态过程创新→经济绩效	0.015	0.011	0.01	0.057
绿色信贷→生态组织创新→生态产品创新→经济绩效	0.025	0.015	0.021	0.084
绿色信贷→生态产品创新→生态过程创新→经济绩效	0.004	0.006	0.001	0.027
总中介效应	0.192	0.066	0.219	0.481

3.4 政策建议

（1）银行业金融机构在开展绿色信贷业务时，可以将企业的生态创新活动作为授信对象，以此获得环境绩效。

本章的实证结果证实了这一点。绿色信贷对环境绩效的直接影响在统计学上不显著（$\beta=0.079$，$t=1.347$，$p=0.178$），这说明当企业将信贷资金用于非生态创新的其他活动时，并不会获得环境绩效的增长。绿色信贷对环境绩效的正向影响是以生态创新为渠道，这是一种完全中介效应，即绿色信贷所能获得的环境绩效全部来源于生态创新。虽然生态组织创新对环境绩效的直接影响在统计学上不显著（$\beta=0.017$，$t=0.293$，$p=0.770$），但是生态过程创新和生态产品创新对环境绩效的直接影响都在1%水平上正向显著，而且生态组织创新对生态过程创新和生态产品创新的直接影响也都在1%水平上正向显著，生态组织创新对环境绩效的间接效应也通过了 Bias - corrected Bootstrap 检验，这充分说明以生态创新作为绿色信贷获取环境绩效路径的可行性和有效性。

（2）银行业金融机构可以引导企业开展生态创新，通过生产运作水平的提升取得竞争优势，以此获得可持续发展。

除了环境绩效，生态创新对经济绩效的正向影响也得到了验证。生态组织创新、生态过程创新和生态产品创新对经济绩效的直接影响都在1%水平上正向显著，这个结论与 Cheng 等[172]一致。与环境绩效不同，绿色信贷对经济绩效的直接影响显著（$\beta=0.211$，$t=4.188$，$p=0.000$），这表明生态创新在绿色信贷对经济绩效的影响里具有部分中介作用。当绿色信贷资金用于非生态创新的其他活动时，会带来经济绩效，但是不会获得环境绩效。绿色信贷对经济绩效的直接效应为 0.211，大于其间接效应 0.194，在一定程度上反映了生态创新的投资回报率低于非生态创新的投资回报率。虽然生态过程创新中的末端治理是制造流程的附加措施，不会对生产技术的改进做出贡献，往往被企业视为成本负担，但是生态创新对资源效率的提升和成本的降低具有积极作用。从长期来看，生态创新培育的具有环境和创新双重意识的组织惯性才是企业独特的、不易模仿的能力，也是在面对环境风险时企业竞争优势的真正来源。

（3）银行业金融机构应该重视企业生态创新量表的制定，并将其纳入企业评级，以此丰富企业绿色评级体系，为绿色信贷提供授信指南。

以生态创新作为绿色信贷获取环境绩效的路径，关键在于对生态创新的正确识别。目前还没有完整公认的生态创新量表，其测量题项在不同的文献里还存在较大的差异。例如，Cai 等[178]用销售人员的素质来衡量生态创新的整合能力，其后又用生产过程中的低能耗、制造过程有效地减少了有害物质和废物的排放等题项测量生态创新行为。Hojnik 等[177]测量生态过程创新的题项有回收、再利用和再制造材料，而 García - Granero 等[173]将其认为是生态产品创新的绩效指标。对生态创新的研发资金投入被当作生态产品创新的测量题项，也被用于测量生态组织创新[198]。

生态创新测量指标的多样性源于生态创新概念和研究框架的扩展和泛化。自生态创新概念提出以来，生态创新的内涵被不断丰富。有从微观层面认为生态创新是新产品或过程，是新的商品、服务、生产过程、组织或管理结构[61]，也有从宏观层面认为生态创新是创造价值的理念，是系统变革，是战略思想。正如 Hazarika 等[206]在对生态创新理论的批判性回顾里所说，当前关于生态创新的理论描述已逐渐从工具实体转化为社会实体，理论分析也从新古典主义的成本效益分析转向为有限理性的演化方法。但是理解生态创新的特征和性质对于更有效的管理生态创新至关重要。

在本书的概念界定中，生态创新是能够带来环境绩效的，对企业而言是新颖的、能够显著改善的活动和行为。无论是产品设计，还是工艺过程的渐进式改善或突破式变革，都是为了在减少环境污染、降低能源消耗的同时，减少生产成本，提高生产效率，增强产品的竞争力，以此促进企业的经济增长。而这些活动与工业工程方法具有完全一致的内容和目标。例如，计算机辅助设计与制造的应用程度可以反映企业信息技术自动化水平；先进制造技术的应用程度可以反映企业高效、低耗、清洁的生产技术水平；管理体系的落实程度可以反映企业的战略目标。本章的结果也证实了这一点，生态组织创新、生态产品创新和生态过程创新的量表结构、信度和效度都超过一般标准，说明本章的量表是具备可信度和有效性的。虽然在不同类型的生态创新中选择完整的指标组合并不是一项容易的任务，但是本书根据生态创新和绿色信贷都具有典型的经济和环境双重外部性的特点，将企业生态创新活动作为企业融资和银行绿色信贷的交叉点，从工业工程视角出发，以企业的价值链活动作为衡量生态创新的指标，有助于对企业生态创新的精确测量，同样有利于完善绿色信贷的授信机制。

3.5 本章小结

以面向企业环境绩效的绿色信贷理论框架为基础，本章通过结构方程模型探讨了面向企业环境绩效的绿色信贷授信机理。结果显示，面向企业环境绩效的绿色信贷对环境绩效的直接效应在统计学上不显著，间接效应在1%水平上正向显著，属于完全中介效应；对经济绩效的直接效应在1%水平上正向显著，间接效应也在1%水平上正向显著，属于部分中介效应。生态创新在绿色信贷和环境绩效/经济绩效之间具有中介作用，中介效应在95%置信区间上正向显著。本章的实证结果为面向企业环境绩效的绿色信贷授信机制的有效性提供了经验证据，同时也为银行开展绿色信贷业务提供了参考依据。将生态创新作为面向企业环境绩效的绿色信贷授信对象，有助于引导银行关注企业的环境活动和环境信息披露，确保信贷资金的绿色用途，并且能够从外部激励企业开展生态创新，实现企业的绿色转型和可持续发展。

第4章

面向企业环境绩效的绿色信贷授信政策研究

第3章进行了面向企业环境绩效的绿色信贷授信机理研究，利用结构方程模型验证了绿色信贷对环境/经济绩效的影响路径，检验了生态创新的中介效应。对于银行业金融机构而言，要实现绿色信贷的授信目的，推动面向企业环境绩效的绿色信贷授信机制的有效运行，关键在于授信政策的有效制定。因此，针对绿色信贷授信机制的政策引导有效性问题，本章利用双重差分法考察目前的绿色信贷授信政策对信贷规模、生态创新投入、能源消费和经济增长的影响，实证结果有助于判断授信政策对面向企业环境绩效的绿色信贷授信机制的推动作用；并利用系统广义矩法考察了信贷规模、生态创新投入、能源消费和经济增长的内生关系，实证结果一方面进一步验证绿色信贷、生态创新和环境/经济绩效之间的因果关系，为面向企业环境绩效的绿色信贷授信机理提供了额外的经验证据，另一方面也为授信政策的影响传导路径提供理论解释。

4.1 引言

目前的绿色信贷授信政策主要依据2007年下发的银发［2007］215号、环发［2007］108号和银监办发［2007］161号等文件，要求银行业金融机构坚持区别对待、有保有压的信贷原则，严格缩紧两高一剩行业的授信敞口，以期利用经济杠杆遏制其盲目扩张的发展态势，通过控制外部融资实现降低能源消费，减少污染物排放，获得环境绩效的授信目的。

绿色信贷是通过信贷手段促进环境保护的宏观调控方式，是银行业金融机构履行环境责任的主要途径，而绿色信贷的授信政策是绿色信贷授信机制有效运行的先决条件，直接影响到绿色信贷授信目的的实现。虽然一些文献的研究结论显示，目前以行业划分为标准的授信政策显著抑制了两高一剩企业的投融资行为[96,97,98]，可以使银行业金融机构拥有更多的流动性缓冲[207]，对绿色经济的增长有积极的促进作用[75,208]，但是其对环境绩效的影响效果还存在争议[101-104]，更缺少对企业生态创新影响的研究文献，因此对面向企业环境绩效的绿色信贷授信机制而言，目前的绿色信贷授信政策是否具有推动作用还缺少实证证据。

另外，尽管第3章的研究结论显示生态创新在绿色信贷对环境绩效的影响路径里具有中介作用，但是考虑到问卷调查法在数据真实性方面存在的固有性缺陷，绿色信贷、生态创新和环境/经济绩效之间因果关系的实证证据还比较薄弱。因此在考察绿色信贷授信政策对授信机制影响的同时，利用行业数据检验绿色信贷、生态创新和环境/经济绩效之间的因果关系，可以进一步验证第3章的研究结论，也可为授信政策的影响效果提供理论解释。在能源经济领域，许多文献利用系统GMM考察了经济增长、能源消费和碳排放之间的因果关系[209,210]，而在此基础上，将金融领域和能源经济领域有机结合，考察信贷支持与经济增长、能源消费之间的因果关系[211,212]，已成为前沿的研究热点。

本章的贡献在于：①丰富了绿色信贷授信政策影响效果的实证研究，为检验绿色信贷授信机制的运行条件提供了经验证据。②从行业层面考察绿色信贷、生态创新和环境/经济绩效的内生关系，深入细化了金融领域和能源经济领域的关联性研究，也为面向企业环境绩效的绿色信贷授信机理提供了新的证据。③检验了绿色信贷授信政策传导路径的有效性，相关的研究结论为绿色信贷授信政策的调整提供了思路和方向。

4.2 研究设计

为了考察绿色信贷授信政策对面向企业环境绩效的绿色信贷授信机制的影响，本章从两个角度进行实证研究，授信政策影响的结构模型如图4-1所示。

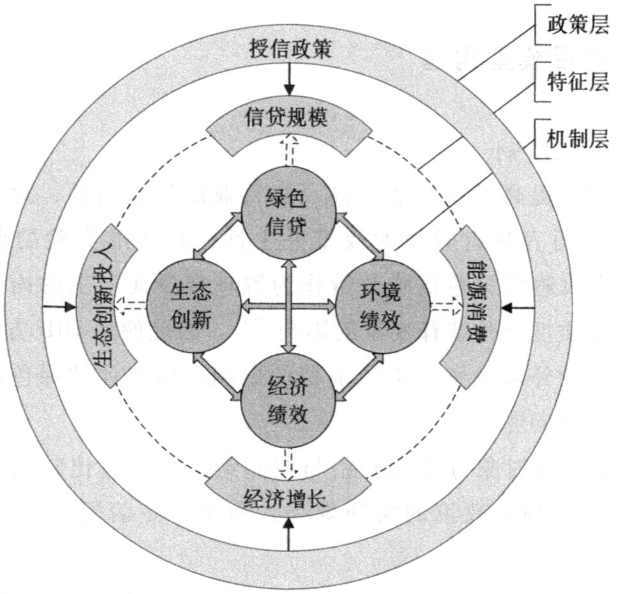

注：→表示政策的影响；
⇔表示内生关系；⇢表示替代变量。

图 4－1　授信政策影响的结构模型

图 4－1 所展示的结构模型分为三个层次，核心层为机理层，中间层为特征层，最外层为政策层。在之前章节的研究结论里，绿色信贷、生态创新和环境/经济绩效之间存在着因果关系，表现为面向企业环境绩效的绿色信贷的授信机理，因此图 4－1 的核心层反映了绿色信贷、生态创新和环境/经济绩效之间的内生关系。由于绿色信贷、生态创新和环境/经济绩效都属于潜变量，是所对应显变量的抽象和概括，因此图 4－1 的中间层反映了能够体现核心层潜变量特征的替代显变量，即信贷规模、生态创新投入和能源消费/经济增长。绿色信贷授信政策对授信机制的影响可以通过对显变量的影响所体现，图 4－1 的最外层则反映了授信政策对信贷规模、生态创新投入、能源消费和经济增长的影响。

因此，本章利用双重差分法考察了绿色信贷授信政策对信贷规模、生态创新投入、能源消费和经济增长的影响，目的在于考察授信政策对面向企业环境绩效的绿色信贷授信机制的推动作用。另外，利用系统广义矩法考察了信贷规模、生态创新投入、能源消费和经济增长之间的内生性，目的在于验证绿色信贷、生态创新、环境绩效和经济绩效之间因果关系的同时，为授信政策的影响效果提供理论解释。

4.2.1 计量模型构建

1. 授信政策的影响

绿色信贷政策提高了制造业两高一剩行业的贷款门槛，对于行业的经济增长和能源消费而言具有较强的政策外生性，具备准实验的典型特征[213]。DID 方法可以有效避免绿色信贷政策作为解释变量而产生的内生性问题、控制细分行业的异质性对被解释变量的影响[214]。因此使用 DID 方法考察绿色信贷政策对制造业的外部融资和能源消费的影响，以此评估绿色信贷授信机制的政策引导有效性问题。

DID 方法将所有对象分为实验组与控制组，并通过比较两组在政策实施前后的双重差异来判断政策的实施效果，参照苏冬蔚等[96]，构建回归模型如下：

$$gGC_{it} = \alpha_0 + \alpha_2 Time_{it} \times Treated_{it} + \alpha_2 gEI_{it} + \alpha_3 gGDP_{it} + \alpha_4 gENY_{it} + \eta X_{it} + \delta Y_t + \mu_i + \lambda_t + \varepsilon_{it} \quad (4.1)$$

$$gGDP_{it} = \beta_0 + \beta_1 Time_{it} \times Treated_{it} + \beta_2 gEI_{it} + \beta_3 gGC_{it} + \beta_4 gENY_{it} + \eta X_{it} + \delta Y_t + \mu_i + \lambda_t + \varepsilon_{it} \quad (4.2)$$

$$gENY_{it} = \gamma_0 + \gamma_1 Time_{it} \times Treated_{it} + \gamma_2 gEI_{it} + \gamma_3 gGDP_{it} + \gamma_4 gGC_{it} + \eta X_{it} + \delta Y_t + \mu_i + \lambda_t + \varepsilon_{it} \quad (4.3)$$

$$gEI_{it} = \varphi_0 + \varphi_1 Time_{it} \times Treated_{it} + \varphi_4 gENY_{it} + \varphi_5 gGDP_{it} + \varphi_6 gGC_{it} + \eta X_{it} + \delta Y_t + \mu_i + \lambda_t + \varepsilon_{it} \quad (4.4)$$

其中，gGC 代表信贷规模，$gGDP$ 代表经济增长，$gENY$ 代表能源消费，gEI 代表生态创新投入。$Time$ 为时间虚拟变量，$Treated$ 为组间虚拟变量，$Time \times Treated$ 为时间虚拟变量与组间虚拟变量的交互项，ε 为随机误差项。下标 i 和 t 分别表示第 i 个行业和第 t 年。α、β、γ 和 φ 为解释变量系数；交互项系数 α_1、β_1、γ_1 和 φ_1 的估计值为重点关注的差分估计量，反映了政策的处理效应。除此之外，X_{it} 包括行业层面的控制变量，Y_t 包括宏观经济层面的控制变量。μ_i 表示行业固定效应，λ_t 表示时间固定效应。

2. 内生关系

由于很多文献都证实了能源消费和经济增长之间存在着因果关系[210,215-217]，而信贷规模也会刺激经济增长[218]，但还没有文献涉及信贷规模、生态创新投入、经济增长和能源消费四者之间的内生关系，因此在检验授信政策影响的同时，考察绿色信贷、生态创新和绩效之间的内生关系，原因在于以下两点：一方面可以更深层次地了解绿色信贷授信政策的影响传导路径，为授信政策的调整提供证据；另一方面，第 3 章绿色信贷授信机理研究里所采用的结构方程模型是一种多变量统计模型，从统计学本身来讲，任何统计模型都无法得出因果关系，只是对预设的因果关系进行检验，因此本章通过计量分析方法中的系统广义矩法，利用二手面板数据检验绿色信贷、生态创新和环境绩效之间的因果关系，也是对第 3 章研究结论的二次验证。

考虑到 GMM 模型在控制特定的个体和时间效应环境下，可以解决同时性偏差、逆因果关系和可能忽略的变量问题，因此本书在 Omri 等[209]和 Kahouli[210]的工作基础上，构建模型如下所示：

$$gGC_{it} = \alpha_0 + \alpha_1 gGC_{i,t-1} + \alpha_2 gGDP_{it} + \alpha_3 gENY_{it} + \alpha_4 gEI_{it} + \eta X_{it} + \delta Y_t + \varepsilon_{it} \tag{4.5}$$

$$gGDP_{it} = \beta_0 + \beta_1 gGDP_{i,t-1} + \beta_2 gGC_{it} + \beta_3 gENY_{it} + \beta_4 gEI_{it} + \eta X_{it} + \delta Y_t + \varepsilon_{it} \tag{4.6}$$

$$gENY_{it} = \gamma_0 + \gamma_1 gENY_{i,t-1} + \gamma_2 gGDP_{it} + \gamma_3 gGC_{it} + \gamma_4 gEI_{it} + \eta X_{it} + \delta Y_t + \varepsilon_{it} \tag{4.7}$$

$$gEI_{it} = \varphi_0 + \varphi_1 gEI_{i,t-1} + \varphi_2 gGDP_{it} + \varphi_3 gGC_{it} + \varphi_4 gENY_{it} + \eta X_{it} + \delta Y_t + \varepsilon_{it} \tag{4.8}$$

模型（4.5）表明，第 $t-1$ 期的信贷规模、第 t 期的经济增长、能源消费和生态创新投入都会影响到第 t 期的信贷规模。模型（4.6）表明，第 $t-1$ 期的经济增长、第 t 期的信贷规模、能源消费和生态创新投入都会影响到第 t 期的经济增长。模型（4.7）表明，第 $t-1$ 期的能源消费、第 t 期的经济增长、信贷规模和生态创新投入都会影响到第 t 期的能源消费。模型（4.8）表明，第 $t-1$ 期的生态创新投入、第 t 期的经济增长、信贷规模和能源消费都会影响到第 t 期的生态创新投入。

4.2.2　变量设计及数据来源

1. 研究对象

《国民经济行业分类》（GB/T 4754—2017）中将制造业细分为 30 个二位数行业，其分类名称与 1994 年、2002 年和 2011 年的修订有明显的变化。为了保持历次修订中行业分类的统一性和不同年鉴数据的一致性，本书根据数据的可得性和细分行业的相关性，将制造业划分为 25 个细分行业，其行业划分见附录一。

目前的绿色信贷授信政策分为限控和支持两个方面。银行业金融机构会根据客户面临的环境和社会风险的性质和严重程度而加强授信审批管理。对于环境主管部门公布和认定的耗能、污染问题突出且整改不力的授信企业，除了与改善节能减排有关的授信外，不得增加新的授信，原有授信也会逐步压缩和收回（银监发［2012］4号）。除此之外，绿色信贷政策支持节能环保、新能源、新能源汽车等三大战略性新兴产业生产制造端的贷款，以及支持节能环保项目和服务的贷款（银监办发［2013］185号）。根据银监办发［2014］186号文件提供的涉及两高一剩行业参考目录和绿色信贷政策限控以及支持的方向，本书将25个制造业细分行业分为处理组和控制组两类。

由于限控和支持的影响方向相反，并且交通运输设备制造业涵盖金属船舶制造和绿色交通运输项目而同时处于限控和支持两方，不易界定。因此，为避免研究样本的选择偏误，本书剔除设备制造业和交通运输设备制造业两个细分行业。最终确定制造业的23个细分行业作为本章的研究对象，其中，纺织业等10个行业为受绿色信贷政策影响的处理组，食品加工业等13个行业为不受绿色信贷政策影响的控制组。制造业细分行业的组别划分如表4－1所示。

表4－1　　制造业细分行业的组别划分

组	行业	理由	
处理组	纺织业	绿色信贷限控方向	棉印染精加工、毛染整精加工、麻染整精加工、丝印染精加工等
	造纸和纸制品业		木竹浆制造、非木竹浆制造
	化学原料和化学制品制造业 化学纤维制造业		无机酸制造、无机碱制造、氮肥制造、磷肥制造
	黑色金属冶炼和压延加工业		炼铁、炼钢、铁合金冶炼
	皮革、毛皮、羽毛（绒）及其制品业		皮革鞣制加工、毛皮鞣制加工
	石油加工及炼焦业		炼焦
	橡胶和塑料制品业		斜交轮胎、力车胎
	非金属矿物制品业		水泥制造、平板玻璃制造、多晶硅
	有色金属冶炼和压延加工业		铝冶炼
	交通运输设备制造业		金属船舶制造
	设备制造业	绿色信贷支持方向	三大战略性新兴产业生产制造端
	交通运输设备制造业		绿色交通运输项目

续表

组	行业	理由
控制组	食品加工业、酒饮料和精制茶制造业、烟草制品业、服装及其他纤维制造业、木材加工及木竹藤棕草制品业、家具制造业、印刷和记录媒介复制业、文教工美体育和娱乐用品制造业、医药制造业、金属制品业、电气机械及器材制造业、通信设备计算机及其他电子设备制造业、仪器仪表及文化办公用机械制造业	

注：分组理由源自银监办发［2014］186 号文件提供的涉及两高一剩行业参考目录。

2. 测量指标

（1）信贷规模（*gGC*）：选取各行业的短期借款增速作为衡量指标。参照黄玖立等[219]的做法，以各行业固定资产投资资金来源中国内贷款的增速作为稳健性指标（*gGC*2）。

（2）经济增长（*gGDP*）：由于 2008 年以后国家不再公布制造业分行业的增加值，本书参照程时雄等[220]的做法，以工业增加值率和工业总产值的乘积来代替分行业的增加值，以其增速作为经济增长的衡量指标。以各行业的工业销售产值增速作为稳健性指标（*gGDP*2）。

（3）能源消费（*gENY*）：考虑到污染物排放主要来源于煤炭消耗，因此以各行业煤炭消费总量的增速作为衡量能源消费的指标。以各行业能源消费总量的增速作为稳健性指标（*gENY*2）。

（4）生态创新投入（*gEI*）：考虑到生态创新可以分为生态组织创新、生态产品创新和生态过程创新，生态过程创新的投入表现为节能减排设备和技术改造的费用支出，生态产品创新方面的投入表现为研发费用支出，而生态组织创新方面的投入表现为管理费用支出。参照 Scarpellini 等[159]和 Peters 等[221]的建议，选用各行业改建和技术改造投资，与各行业研发投入，以及三分之一管理费用之和的增速，作为生态创新投入的衡量指标。将各行业研发投入与三分之一管理费用之和的增速作为稳健性指标（*gEI*2）。

（5）行业层面控制变量（*X*）：主要包括各行业的资本存量、劳动力和利润总额，反映制造业各细分行业自身状况的变化。（a）资本存量（*gCS*）：各个行业的资本存量利用永续盘存法进行估算。由于基期资本存量对后续资本存量的影响会随着时间跨度的增长而减弱，1952 年的取值对 1978 年及以后的影响甚微，因此本书参照参照陈诗一[222]的做法，选取 1985 年为基期，将制造业各细分行业的固定资产净值作为基期资本存量。考虑到核算每年形成生产能力的投资更为恰当，选择行业的新增固定资产作为行业投资额的指标。

各行业折旧率方面，由于各行业投资品结构和寿命不同，相同的固定资产折旧率不能很好地体现行业差异性，以固定资产原值和净值之差来推断各行业的时变折旧率。最后，1991 年之前的投资价格指数以投资隐含平减指数[223]替代，1991 年之后以国家统计局公布的固定资产投资价格指数确定。（b）劳动力（*gHR*）：选用各行业的从业人数增速替代。（c）利润总额（*gTP*）：选用各行业利润总额增速替代。

（6）宏观经济控制变量（*Y*）：主要包括投资环境和货币政策，反映宏观经济环境和货币政策的变化。（a）投资环境（*gFDI*）：选用实际利用外商直接投资的增速替代。（b）货币政策（*gM*）：选用货币和准货币供应量的增速替代。

3. 数据来源

考虑到问卷数据可能存在伪数据问题，为保证研究结论的可信度，本章利用二手面板数据进行实证检验。能源数据来源于《中国能源统计年鉴》，其他数据来源于《中国统计年鉴》《中国工业统计年鉴》和国家统计局。由于缺失 2001 年和 2002 年的《中国固定资产投资统计年鉴》，因此本书原始数据的时间范围为 2002—2016 年，最终实证数据为 2003—2016 年各变量的增速。以 2007 年为政策实施年，即 2003—2006 年的时间虚拟变量为 0，2007—2016 年的时间虚拟变量为 1。受绿色信贷授信政策影响的处理组的行业虚拟变量为 1，不受绿色信贷政策影响的控制组的行业虚拟变量为 0。

4.2.3 多重共线性及单位根检验

表 4－2 和表 4－3 分别报告了变量的统计特征和相关系数。可以看出，控制组的经济增长均值 19.570 高于处理组的 18.656，控制组的能源消费增速均值 10.248 也高于处理组的 9.868，反映出处理组的经济增长和能源消费方面都受到抑制。控制组的信贷规模增速均值 11.892 低于处理组的 12.740，反映出以资产密集型的控制组行业的信贷可得性依旧高于处理组。控制组行业的生态创新投入增速均值 28.672 高于处理组的 24.461，反映出控制组行业对生态创新的主动性要高于处理组。另外，变量之间的相关系数基本都低于 0.7，说明不存在严重的多重共线性。变量的描述性统计如表 4－2 所示。

表 4 – 2　变量的描述性统计

变量	样本数	均值	标准差	最小值	最大值
面板 A					
gGC	322	12.298	16.654	–29.902	227.731
gGDP	322	19.133	16.733	–16.753	120.998
gENY	322	10.066	12.768	–24.926	125.758
gEI	322	26.658	18.070	–17.356	154.306
gCS	322	24.166	10.649	1.078	69.063
gTP	322	24.669	67.862	–563.879	838.127
gHR	322	9.933	25.671	–28.221	200.482
gM	322	16.469	4.182	11.011	28.423
gFDI	322	–1.509	7.888	–13.042	16.462
面板 A1（处理组）					
gGC	154	12.740	11.636	–20.959	42.886
gGDP	154	18.656	16.641	–15.925	73.457
gENY	154	9.868	10.054	–24.926	70.906
gEI	154	24.461	17.042	–17.356	94.218
gCS	154	21.047	8.590	4.910	46.515
gTP	154	25.455	95.195	–563.879	838.127
gHR	154	7.784	22.941	–10.748	190.122
gM	154	16.469	4.189	11.011	28.423
gFDI	154	–1.509	7.901	–13.042	16.462
面板 A2（控制组）					
gGC	168	11.892	20.218	–29.902	227.731
gGDP	168	19.570	16.855	–16.753	120.998
gENY	168	10.248	14.856	–23.413	125.758
gEI	168	28.672	18.788	–10.182	154.306
gCS	168	27.025	11.540	1.078	69.063
gTP	168	23.94	23.422	–13.466	236.866
gHR	168	11.903	27.863	–28.221	200.482
gM	168	16.469	4.188	11.011	28.423
gFDI	168	–1.509	7.899	–13.042	16.462

相关系数如表 4 – 3 所示。

表 4-3　　相关系数

	gGC	*gGDP*	*gENY*	*gEI*	*gCS*	*gTP*	*gHR*	*gM*	*gFDI*
面板 A									
gGC	1.000								
gGDP	0.241***	1.000							
gENY	0.062	0.313***	1.000						
gEI	0.495***	0.252***	0.226***	1.000					
gCS	0.294***	0.153***	0.226***	0.522***	1.000				
gTP	0.081	0.078	0.130**	0.064	0.040	1.000			
gHR	-0.186***	0.196***	0.145***	0.187***	0.184***	0.100*	1.000		
gM	-0.038	0.060	0.073	0.233***	0.152***	0.018	0.168***	1.000	
gFDI	0.110**	0.530***	0.125**	0.172***	-0.033	0.060	0.111**	0.101*	1.000
面板 A1（处理组）									
gGC	1.000								
gGDP	0.533***	1.000							
gENY	0.327***	0.477***	1.000						
gEI	0.430***	0.377***	0.307***	1.000					
gCS	0.095	0.052	0.241***	0.333***	1.000				
gTP	-0.129	0.032	0.158*	-0.090	-0.077	1.000			
gHR	-0.320***	0.210***	0.100	0.063	-0.066	0.081	1.000		
gM	0.039	0.082	0.067	0.242***	0.212***	-0.032	0.190**	1.000	
gFDI	0.325***	0.566***	0.181**	0.265***	-0.094	0.042	0.134*	0.101	1.000
面板 A2（控制组）									
gGC	1.000								
gGDP	0.102	1.000							
gENY	-0.031	0.221***	1.000						
gEI	0.552***	0.147*	0.183**	1.000					
gCS	0.403***	0.221***	0.226***	0.628***	1.000				
gTP	0.648***	0.316***	0.223***	0.656***	0.435***	1.000			
gHR	-0.130*	0.185**	0.168**	0.260***	0.301***	0.270***	1.000		
gM	-0.081	0.040	0.078	0.229**	0.125	0.222***	0.153**	1.000	
gFDI	0.002	0.498***	0.095	0.097	0.006	0.174**	0.095	0.101	1.000

注：*、**、*** 分别代表在 10%、5%、1% 水平上显著。

为了增强模型可信度，防止出现伪回归，保证结果的可靠性，进行了 LLC、ADF、IPS 等平稳性检验。表 4 - 4 报告了单位根检验结果，结果表明所有变量均在 1% 显著性水平上拒绝原假设，均为同阶平稳。单位根检验结果如表 4 - 4 所示。

表 4 - 4　单位根检验结果

检验方法	LLC	ADF	IPS	Hadri LM	HT	PP
gGC	-11.705***	-6.334***	-8.608***	5.597***	-12.068***	-11.308***
gGDP	-6.374***	-8.083***	-9.286***	8.524***	-14.681***	-15.955***
gENY	-3.530***	-8.588***	-9.176***	7.599***	-11.480***	-16.654***
gEI	-10.614***	-8.465***	-8.972***	6.026***	-12.670***	-15.281***
gCS	-9.383***	-7.132***	-4.715***	6.297***	-3.835***	-3.531***
gTP	-4.112***	-4.393***	-7.193***	8.295***	-8.646***	-8.581***
gHR	-11.896***	-8.722***	-9.215***	8.385***	-8.631***	-26.531***

4.3　实证结果

利用 Stata 13 软件进行统计分析，以检验授信政策的影响效果和绿色信贷系统的内生关系。整个过程分为两个方面，一方面，利用双重差分法检验授信政策对“两高”企业授信规模、生态创新投入、经济增长和能源消费的影响；另一方面，利用系统广义矩法检验授信规模、生态创新投入、经济增长和能源消费之间的内生关系。为消除异方差，所有回归采用稳健标准误。

4.3.1　授信政策的影响效果

1. 时间趋势

图 4 - 2 表现了 2003—2016 年控制组行业和处理组行业的时间趋势，总体来看，控制组和处理组的信贷规模、经济增长、能源消费和生态创新投入都呈现增速下降趋势，这和我国经济增速变缓的宏观趋势一致。其中，图 4 - 2（A）显示，2007 年之前控制组的年均信贷规模增速 21.01% 低于处理组的 31.08%，2007 年以后控制组的年均外部融资增速为 17.43%，要高于处理组的 10.38%，直观说明处理组的外部融资受到绿色信贷政策的抑制。图 4 - 2

（B）显示，2007 年之前控制组和处理组的 GDP 增速变化趋势保持一致，控制组 26.67% 的年均 GDP 增速略低于处理组的 26.84%。2007 年以后，控制组 GDP 增速平稳下滑，而处理组 GDP 增速则是波动下滑，控制组 12.62% 的年均 GDP 增速高于处理组的 12.55%，说明绿色信贷政策在一定程度上抑制了处理组的经济增长。图 4－2（C）显示，2007 年之前控制组 14.06% 的年均能源消费总量增速低于处理组的 18.59%，2007 年以后控制组 5.69% 的年均能源消费总量增速高于处理组的 4.88%，说明处理组在 2007 年以后的能源消费增长要低于控制组，在一定程度上反映出绿色信贷政策对处理组行业能源消费的抑制作用。图 4－2（D）显示，2007 年之前控制组 30.18% 的年均生态创新投入增速略高于处理组的 28.42%，而 2007 年以后控制组的年均生态创新投入增速为 24.89%，处理组则降为 19.75%，反映出绿色信贷政策对处理组行业的信贷约束抑制了生态创新投入。信贷规模、经济增长、能源消费和生态创新投入的时间趋势如图 4－2 所示。

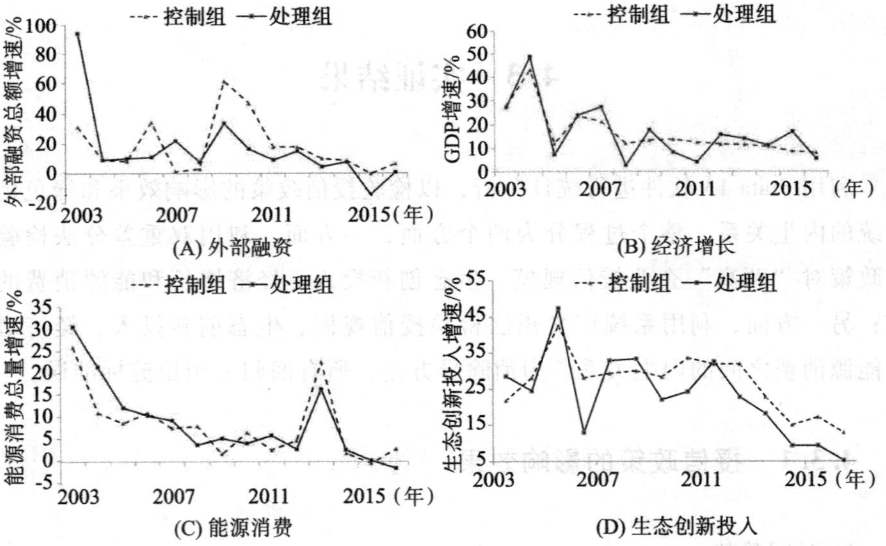

图 4－2　信贷规模、经济增长、能源消费和生态创新投入的时间趋势

2. 授信政策的影响效果

表 4－5 报告了授信政策对制造业“两高”企业外部融资、经济增长、能源消费和生态创新投入的影响效果。其中（1）、（3）、（5）、（7）列为双固定效应下的估计结果，（2）、（4）、（6）、（8）列是单固定效应下的估计结果。授信政策影响效果的估计结果如表 4－5 所示。

表 4－5　授信政策影响效果的估计结果

	gGC		gGDP		gENY		gEI	
	(1)	(2)	(3)	(4)	(5)	(6)	(7)	(8)
Time × *Treated*	－8.508*** (3.28)	－7.793*** (3.61)	－4.227 (1.20)	－3.681 (1.11)	0.873 (0.28)	0.957 (0.33)	－0.357 (0.12)	－1.674 (0.53)
Time	0.139 (0.01)	10.080*** (4.24)	－19.824* (1.83)	－8.143*** (3.29)	－28.121 (1.45)	－5.520** (2.55)	－2.036 (0.15)	－4.065 (1.60)
Treated	—	—	—	—	—	—	—	—
控制变量	YES	YES	YES	YES	YES	YES	YES	YES
常数项	41.968 (0.83)	－12.019** (2.21)	23.903 (1.13)	23.814*** (8.31)	38.904 (1.01)	3.836 (1.17)	1.456 (0.04)	0.801 (0.19)
时间效应	YES	—	YES	—	YES	—	YES	—
行业效应	YES	YES	YES	YES	YES	YES	YES	YES
R^2	0.107	0.109	0.124	0.238	0.420	0.417	0.745	0.757
F	261.78	25.72	342.33	21.29	129.87	14.94	225.60	80.86
样本量	322	322	322	322	322	322	322	322

注：*、**、*** 分别代表 10%、5%、1% 水平上显著；括号里为 |t|。

由表 4－5 可知，授信政策对“两高”企业的信贷规模具有显著的负向影响。双固定模型里处理组和控制组的信贷规模受政策影响的差异为－8.508，单固定模型的差异为－7.793，说明银行业金融机构充分履行绿色信贷的授信政策，缩紧了处理组行业的信贷敞口，政策实施效果显著。另外，双固定模型里处理组和控制组的经济增长受政策影响的差异为－4.227，单固定模型的差异为－3.681；处理组和控制组的能源消费受政策影响的差异在双固定模型里为 0.873，在单固定模型里为 0.957；处理组和控制组的生态创新投入受政策影响的差异在双固定模型里为－0.357，在单固定模型里为－1.674。说明绿色信贷授信政策在一定程度上抑制了“两高”企业的经济增长和生态创新投入，但负向影响在统计学上都不显著。绿色信贷授信政策对能源消费的影响在统计学上同样不显著。

3. 政策影响的延续效应

考虑到绿色信贷政策的影响效果在时间维度上存在变化波动，因此参照钱雪松等[224]的做法，引入年份变量，考察绿色信贷授信政策对制造业外部融资、经济增长和能源消费影响的动态效应。延续效应估计结果如表 4－6 所示。

表 4-6 延续效应估计结果

	gGC		gGDP		gENY		gEI	
	(1)	(2)	(3)	(4)	(5)	(6)	(7)	(8)
2007	-0.820	-2.473	0.597	10.957***	3.092	4.714	3.522	3.243
	(0.22)	(0.69)	(0.16)	(3.45)	(0.69)	(1.19)	(0.82)	(0.86)
2008-2009	-7.206***	-3.621	-7.299*	-8.567**	-0.187	-2.160	-1.894	-4.902
	(2.90)	(1.25)	(1.76)	(2.20)	(0.06)	(0.68)	(0.44)	(1.15)
2010-2011	-3.721	-7.260***	1.085	1.500	0.168	2.993	-1.032	0.616
	(1.17)	(2.97)	(0.32)	(0.49)	(0.05)	(1.05)	(0.25)	(0.19)
2012-2013	-15.839***	-8.785***	-7.851*	-3.732	3.293	2.287	-1.862	-0.490
	(3.04)	(3.33)	(1.82)	(0.98)	(0.68)	(0.55)	(0.49)	(0.12)
2014-2016	-11.339***	-12.370***	-6.149	-10.473**	-0.298	-1.327	0.245	-4.434
	(3.54)	(4.01)	(1.48)	(2.28)	(0.09)	(0.42)	(0.06)	(1.07)
Time	24.814***	9.417***	-9.748	-8.693***	-17.790	-5.889**	1.408	-4.535*
	(4.91)	(3.79)	(1.53)	(3.49)	(1.28)	(2.64)	(0.33)	(1.83)
Treated	—	—	—	—	—	—	—	—
控制变量	YES	YES	YES	YES	YES	YES	YES	YES
常数项	-26.878***	-6.770	29.008***	26.629***	20.055	4.819	-4.665	2.257
	(4.34)	(1.15)	(4.93)	(7.68)	(1.39)	(1.13)	(0.72)	(0.52)
时间效应	YES	—	YES	—	YES	—	YES	—
行业效应	YES	YES	YES	YES	YES	YES	YES	YES
R^2	0.102	0.107	0.140	0.150	0.419	0.403	0.755	0.752
F	135.39	79.22	169.05	53.65	76.43	26.04	63.49	75.65
样本量	322	322	322	322	322	322	322	322

注：*、**、*** 分别代表在10%、5%、1%水平上显著；括号里为 |t|。

从表4-6可以看出，单固定模型的结论和双固定模型的结论相似，绿色信贷授信政策对制造业信贷规模、经济增长、能源消费和生态创新投入的影响效果呈现时间波动。自2007年政策实施，处理组行业的信贷规模在2008年至2009年受到显著的负向影响，影响程度为-7.206。2010年至2011年，影响程度降为-3.721，而且在统计学上不显著，说明绿色信贷授信政策的实施效果减弱。2012年至2013年，影响程度上升到1%显著性水平上的-15.839，说明绿色信贷授信政策的实施效果显著加强，这一发现和2012年银监发［2012］4号文件的颁布有直接联系。其后的2014年至2016年，影响

效果降为 -11.339。绿色信贷授信政策对经济增长的影响呈现波动趋势，最小为 2012 年至 2013 年的 -7.851。绿色信贷授信政策对能源消费的负向影响在统计学上都不显著，影响程度从 2008 年至 2009 年的 -0.187，到 2012 年至 2013 年的 3.293，再到 2014 年至 2016 年的 -0.298，呈现不明确的影响趋势。最后，绿色信贷授信政策对生态创新投入的影响程度从 2008 年至 2009 年的 -1.894 到 2014 年至 2016 年的 0.245，在统计学上也都不显著。

4.3.2　变量内生关系检验结果

系统 GMM 模型可以分为一步估计和两步估计。一步 GMM 估计使用独立于估计参数的权重矩阵，而两步 GMM 估计使用协方差矩阵的一致估计对矩条件进行加权。相对于一步估计法，两步系统 GMM 估计值的标准误有明显下降偏差，因此本节利用两步系统 GMM 模型考察制造业的信贷规模、经济增长、能源消费和生态创新投入之间的内生关系，以期为绿色信贷的授信政策提供建议。表 4-7 报告了系统 GMM 的估计结果，所有方程的 Wald 检验都拒绝原假设；AR（1）的 p 值均小于 0.1，AR（2）的 p 值均大于 0.1，说明残差序列不存在二阶序列相关；另外，Sargan 和 Hansen 过度识别检验表明，工具变量的选择均满足外生条件的假设，因此估计结果有效。

从表 4-7 中可以看到，经济增长增速和生态创新投入增速与信贷规模增速的单边因果关系在统计学上显著。0.206 和 0.462 的幅度表明经济增长增速和生态创新投入增速每提高 1%，制造业的信贷规模增速就增长 0.206% 和 0.462%。能源消费增速与信贷规模增速的单边因果关系在统计学上并不显著。

信贷规模和能源消费都显著正向影响经济增长，信贷规模增速和能源消费增速每提高 1%，经济增长增速提升 1.254% 和 0.782%，反映出信贷规模和能源消费与经济增长存在单边因果关系。生态创新投入对经济增长具有显著的负向影响，生态创新投入增速每提高 1%，经济增长增速则降低 0.773%，反映出以技术改造为主的生态创新会加大企业的成本支出，降低了经济增长幅度。

信贷规模和经济增长与能源消费的单边因果关系在统计学上显著。信贷规模增速和经济增长增速每提升 1%，能源消费增速则增加 0.386% 和 0.465%。生态创新投入增速与能源消费增速的单边因果关系在统计学上同样显著，生态创新投入增速每提升 1%，能源消费增速则降低 0.113%，反映出生态创新对能源消费具有抑制作用。

信贷规模与生态创新投入也存在单边因果关系，信贷规模增速每提升1%，生态创新投入增速则会增加0.890%，反映出信贷规模是生态创新投入的原因之一。而经济增长和能源消费与生态创新投入的单边因果关系在统计学上并不显著。系统 GMM 估计结果如表 4-7 所示。

表 4-7 系统 GMM 估计结果

变量	(1)	(2)	(3)	(4)
	gGC	*gGDP*	*gENY*	*gEI*
gGC	—	1.254*** (0.000)	0.386*** (0.000)	0.890*** (0.000)
gGDP	0.206*** (0.000)	—	0.465*** (0.000)	0.184 (0.121)
gENY	0.115 (0.355)	0.782*** (0.000)	—	0.010 (0.926)
gEI	0.462*** (0.000)	−0.773*** (0.000)	−0.113*** (0.005)	—
L. gGC	−0.165*** (0.000)	—	—	—
L. gGDP	—	0.158** (0.022)	—	—
L. gENY	—	—	−0.407*** (0.000)	—
L. gEI	—	—	—	−0.012 (0.880)
控制变量	YES	YES	YES	YES
Constant	−5.219 (0.100)	−0.795 (0.747)	−1.643 (0.379)	−6.958* (0.059)
AR (1)	−2.16 (0.030)	−2.24 (0.025)	−2.67 (0.008)	−3.72 (0.000)
AR (2)	0.08 (0.938)	0.36 (0.717)	−1.61 (0.107)	1.06 (0.289)
Sargan	78.76 (0.117)	28.81 (0.320)	8.17 (0.991)	10.48 (0.999)
Hansen	15.22 (1.000)	15.86 (0.939)	9.16 (0.981)	13.05 (0.995)
样本数	299	299	299	299

4.3.3　稳健性检验结果

为了确保结果的真实性，更换信贷规模、经济增长、能源消费和生态创新投入的指标进行稳健性检验，具体指标定义参见 4.2.2 节。绿色信贷授信政策对信贷规模的负向影响在统计学上显著，而对经济增长、能源消费和生态创新投入的负向影响在统计学上都不显著，该结果和表 4－5 的实证结果一致。稳健性检验结果进一步证实了绿色信贷授信政策的影响效果。政策影响效果稳健性检验估计结果如表 4－8 所示。

表 4－8　　政策影响效果稳健性检验估计结果

	gGC2	*gGDP2*	*gENY2*	*gEI2*
Time × Treated	－12.459* (1.72)	－3.475 (1.26)	－3.441 (1.38)	－1.031 (0.54)
Time	－122.375** (2.45)	－5.443 (0.63)	－17.781 (1.29)	－9.536 (1.39)
Treated	—	—	—	—
控制变量	YES	YES	YES	YES
常数项	325.579* (2.00)	6.484 (0.34)	21.473 (0.68)	32.846** (2.38)
时间效应	YES	YES	YES	YES
行业效应	YES	YES	YES	YES
R^2	0.325	0.478	0.129	0.868
F	167.82	213.98	249.66	255.33
样本量	322	322	322	322

注：*、**、*** 分别代表在 10%、5%、1% 水平上显著；括号里为 t 值。

表 4－9 报告了变量内生关系的稳健性检验估计结果，和表 4－7 的实证结果基本保持一致。经济增长与信贷规模之间的双边因果关系、能源消费与经济增长之间的双边因果关系、信贷规模与生态创新投入之间的双边因果关系，以及信贷规模与能源消费、生态创新投入与能源消费、生态创新投入与经济增长之间的单边因果关系都得到支持。稳健性检验结果表明，本节通过 DID 模型对绿色信贷授信政策影响效果的评估，以及利用系统 GMM 模型得到的制造业信贷规模、经济增长、能源消费和生态创新投入的关系结论具有一

定的稳定性。系统 GMM 稳健性检验估计结果如表 4－9 所示。

表 4－9　　系统 GMM 稳健性检验估计结果

变量	(1) gGC2	(2) gGDP2	(3) gENY2	(4) gEI2
gGC2	—	0.038 * (0.052)	0.056 ** (0.032)	0.157 *** (0.001)
gGDP2	1.033 ** (0.021)	—	0.359 *** (0.000)	0.486 *** (0.000)
gENY2	−0.359 (0.348)	0.236 *** (0.001)	—	0.081 (0.474)
gEI2	1.182 *** (0.007)	0.398 *** (0.000)	−0.333 *** (0.000)	—
L. gGC2	−0.050 (0.490)	—	—	—
L. gGDP2	—	−0.098 *** (0.001)	—	—
L. gENY2	—	—	−0.181 * (0.090)	—
L. gEI2	—	—	—	−0.187 (0.412)
控制变量	YES	YES	YES	YES
Constant	−38.627 *** (3.22)	1.267 (0.366)	2.411 (0.281)	−14.932 (0.161)
AR (1)	−2.18 (0.029)	−2.02 (0.044)	−2.13 (0.034)	−3.07 (0.002)
AR (2)	−1.18 (0.240)	−1.62 (0.104)	−0.31 (0.758)	−1.31 (0.189)
Sargan	86.38 (0.174)	25.44 (0.185)	30.07 (0.147)	2.27 (0.994)
Hansen	14.25 (1.000)	14.20 (0.820)	14.43 (0.914)	13.60 (0.192)
样本数	299	299	299	299

4.4 政策建议

（1）绿色信贷的授信指引可以从行业准入政策转变为企业活动准入政策，以生态创新活动作为绿色信贷的支持方向和授信审批依据。

本章的研究结果显示，以行业划分为标准的绿色信贷授信政策对纺织业、造纸和纸制品业等 10 个制造业细分行业的信贷规模增速具有显著负向影响，但对其经济增长、能源消费和生态创新投入的负向影响在统计学上并不显著。尽管银监发［2012］4 号文件的颁布显著提升了银行业金融机构对“两高”企业的信贷敞口缩紧程度，但授信政策的影响效果并未发生变化，依旧存在其随时间减弱的动态特征。

通过研究发现，以行业划分为标准的绿色信贷授信政策并不能很好地实现获取环境绩效的授信目的，原因在于该授信政策无法有效推动企业开展生态创新。在绿色信贷、生态创新和绩效的内生性研究结果里，信贷规模和生态创新投入的双向因果关系、信贷规模和经济增长的双向因果关系、经济增长和能源消费的双向因果关系，以及信贷规模与能源消费、生态创新投入与经济增长和能源消费的单向因果关系都得到证实。生态创新投入可以有效抑制能源消费，获得环境绩效，但是生态创新投入的增长需要通过扩大信贷规模得以推动。以缩紧“两高”企业授信敞口为主的授信政策，导致生态创新投入的增速降低，进而使以能源消费为指标的环境绩效并不显著。因此，绿色信贷的授信政策可以从行业准入转变为企业活动准入，以此推动面向企业环境绩效的绿色信贷授信机制的运行。

（2）政府主管部门在制定信贷政策指引时，采用更为细致清晰的信贷名称，以避免银行业金融机构在实际操作层面的混淆。

如前所述，目前的绿色信贷授信政策，包含对三大战略性新兴领域和 12 类项目的信贷支持以及对 29 个四位数行业的信贷限制。由于领域、项目和行业具有维度的不一致性和交叉性，在政策指引里使用同一个信贷名称会造成银行业金融机构在实际操作层面的困扰和混淆，因此本书建议，可以将对三大战略性新兴领域、绿色农业、绿色林业、可再生能源及清洁能源等行业的信贷支持，和对两高一剩行业的信贷限制，归于产业信贷政策。将工业的节能节水环保、垃圾处理及污染防治等项目，以及在目前绿色信贷指引里没有列出，但可以获得环境绩效的生态创新项目，归于绿色信贷授信政策。双轨制绿色信贷授信政策如图 4－3 所示。

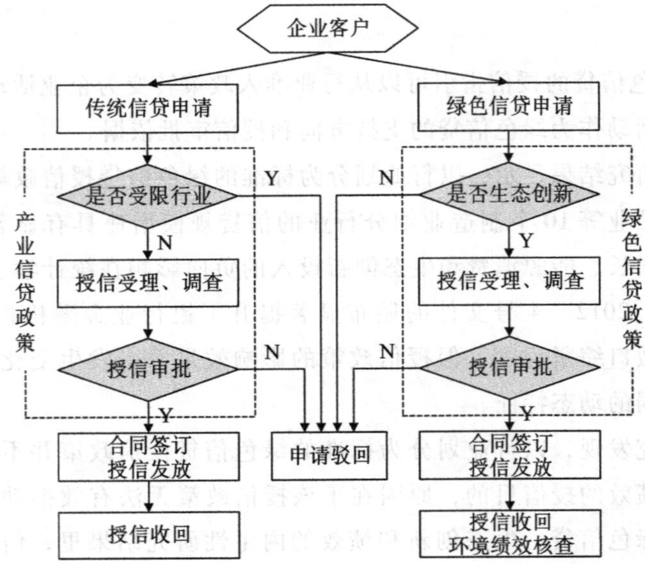

图 4－3 双轨制绿色信贷授信政策

图 4－3 是建议的双轨制绿色信贷授信政策，当企业客户申请信贷时，银行业金融机构可以根据产业信贷授信政策或绿色信贷授信政策决定是否授信。产业信贷授信政策和绿色信贷授信政策在利率和授信额度方面存在差异。产业信贷授信政策是以行业划分为标准，以国家产业政策和环保政策为依据，而绿色信贷授信政策是以信贷资金投向为标准，以企业申请贷款的用途是否为生态创新活动为依据。

4.5 本章小结

本章进行了面向企业环境绩效的绿色信贷授信政策实证研究，通过考察目前绿色信贷授信政策对制造业外部融资、生态创新投入、经济增长和能源消费的影响，检验绿色信贷授信政策对授信机制运行的影响。结果发现，绿色信贷授信政策对纺织业、造纸和纸制品业等 10 个制造业细分行业的外部融资具有显著负向影响，抑制了其以银行贷款为主体的外部融资增速，但对生态创新投入、经济增长和能源消费的负向影响在统计学上并不显著。尽管银监发［2012］4 号文件的颁布显著提升了绿色信贷授信政策的落实程度，但绿色信贷授信政策实施效果的延续效应并未发生变化，依旧存在其随时间减弱的动态特征。另外，通过两步系统 GMM 模型考察了制造业外部融资、生态创新投入、经济增长和能源消费之间的内生动态关系，以此解析绿色信贷授信政策的影响路径。结果发现，制造业的经济增长和能源消费具有显著的双向因果关系，从行业层面验证了反馈假说的存在；外部融资对经济增长具有显著的双向因果关系，但外部融资和能源消费之间只存在单向因果关系；外部融资和生态创新投入的双向因果关系在统计学上显著，生态创新投入对经济增长和能源消费也具有显著的单向因果关系。通过研究结论可以看到，以行业为标准的绿色信贷授信政策并不能有效推动面向企业环境绩效的绿色信贷授信机制运行，通过抑制两高一剩企业的外部融资很难实现提升环境绩效的授信目的，而本章提出的双轨制绿色信贷授信政策将授信审核从以行业为标准转变为以资金投向为标准，将生态创新活动作为审批决策依据，实现绿色信贷授信政策对授信机制的推动引导作用。

第5章

面向企业环境绩效的绿色信贷授信策略研究

第4章进行了面向企业环境绩效的绿色信贷授信政策研究，利用DID考察了绿色信贷授信政策对授信机制的影响效应，并利用系统GMM考察了绿色信贷、生态创新和环境/经济绩效之间的内生关系。为保障面向企业环境绩效的绿色信贷在授信过程里具有可持续性，需要确定信贷授信的两个关键变量：利率和授信额度。因此，针对绿色信贷授信机制的内部策略可持续问题，本章通过构建银行和企业的绩效模型，利用演化博弈模型确定绿色信贷的最佳授信策略，从系统内部视角为绿色信贷授信机制的稳定性条件提供理论支持。

5.1 引言

银行的关键职能之一是帮助企业获得运营和发展业务所需的资金。在企业短期波动和长期增长的经济分析中，信贷约束都发挥着重要的作用[225]，但是信贷对企业创新的影响还有不同的研究结论。经济状况、行业特征和一些未观察到的因素都会影响到企业的创新，因此金融对企业技术进步的作用被低估[195]。

有文献持怀疑态度，因为债务合同可能不适合为回报不确定的创新活动提供资金[226]；产品创新的高风险和低担保，使银行不能成为企业外部融资的理想选择[227]；甚至信贷市场的发展可能阻碍了更依赖外部融资和高科技密集产业的创新[228]；当上市公司在公开市场上筹集资金时，可以利用私人债务为创新提供资金[229]；拥有更高附加值项目的企业会需要更高效的银行，从而产生出内生性问题[230]。

也有文献肯定了信贷与企业创新之间的相互作用，认为银行信贷是创新活动的有效资金来源[231]。银行业金融机构将储蓄用于投资，并通过将资金分配给最有效益的公司来提高投资的效率，因而运转良好的金融体系对于促进经济和技术进步至关重要。实证结果也提供了相应的证据，Herrera 等[232]发现信贷的授信期限对企业创新也具有正向影响，Amore 等[195]发现放松信贷约束对企业创新活动的数量和质量有显著的积极影响。

尽管外部驱动对于企业生态创新的重要性已得到广泛的认可[178,233]，但目前还没有将银行信贷与企业生态创新相联系的文献①。而且，目前对传统信贷和技术创新的研究都集中在完全经济人条件下，缺乏考虑有限理性条件的研究文献，因此在考虑环境绩效的绿色信贷领域和企业生态创新的驱动领域都还存在着理论缺陷。

本章在金融创新可以拉动技术创新和经济增长[230]的观点基础上，从利益相关者角度将银行的绿色信贷和企业的生态创新有机联系，通过绿色信贷的利率和授信额度的最优化实现企业开展生态创新的演化稳定，填补了企业生态创新理论中，将信贷资金作为外部驱动力的研究空白，也在理论上证明了面向企业环境绩效的绿色信贷授信策略的可行性，为通过市场化手段引导绿色信贷可持续发展提供了理论依据。

5.2　研究设计

如第 2 章所述，面向企业环境绩效的绿色信贷与传统信贷的区别，在于信贷资金的外部性。对于银行而言，将面向企业环境绩效的绿色信贷作为单独的信贷业务，以差异性的利率和额度等授信策略引导企业申请绿色信贷，可以从资金供给侧推动企业开展生态创新活动，实现可持续发展。但是不同的利率和授信额度会导致银行和企业在环境/经济绩效方面存在变化，进而导致银行和企业各自的策略选择，因此，为了确保面向企业环境绩效的绿色信贷授信机制的长期稳定性，本章采用演化博弈分析来探讨银

---

① Scarpellini 等[159]的文献里对财务资源与企业生态创新之间关系的文献有非常详细的统计。可以看到现有的文献集中在融资经营风险、金融资源可及性、负债水平和内部融资等方面，还没有银行信贷方面的研究文献。

行开展绿色信贷及企业实施生态创新的演化稳定条件。授信策略的研究结构如图 5 -1 所示。

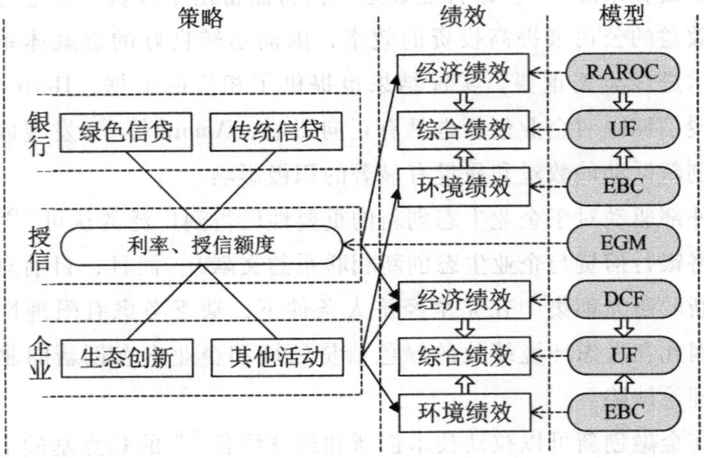

图 5 -1 授信策略的研究结构

本章将银行的可选策略分为绿色信贷和传统信贷两类，绿色信贷即为面向企业环境绩效的绿色信贷，信贷资金需要考虑环境和经济的双重绩效，而传统信贷的资金投向只需考虑经济绩效。企业的可选策略有生态创新和其他活动两类，生态创新可以导致环境和经济的双重绩效，而其他活动只有经济绩效。无论是绿色信贷还是传统信贷，在授信过程里的授信策略都需要考虑利率和授信额度。而利率和授信额度的变化，会导致银行和企业的绩效变化，因此，为确保银行开展绿色信贷及企业实施生态创新能够取得长期稳定，本章使用 EGM 模型确定最优利率和授信额度。

在绩效方面，由于银行和企业在各自经济绩效测量模型存在差异，因此本章使用 RAROC 模型衡量银行的经济绩效，用 DCF 模型衡量企业的经济绩效，使用 EBC 模型衡量环境绩效，并用多属性效用函数衡量综合绩效，具体的模型构建见 5. 2. 3 节。

5. 2. 1 问题描述

本章的目的是构建可以促进企业开展生态创新的绿色信贷授信策略模型。因此将银行的策略分为传统信贷和面向企业环境绩效的绿色信贷两类。不同的策略在确定授信额度和贷款利率时存在差异，即传统信贷以经济绩效最大化原则，而面向企业环境绩效的绿色信贷以综合绩效最大化为原则。

企业在 t 时刻决定向银行申请贷款资金 I_t 用于投资，其中 $I_{t,ina}$ 用于无形资产投资，$I_{t,fia}$ 用于固定资产投资，即 $I_t = I_{t,ina} + I_{t,fia}$。之所以将企业的投资行为分为无形资产投资和固定资产投资，是为了分析企业资产结构化差异的影响。假设企业获得银行授信后足额提取，并且在期末一次性还款，因此 I_t 反映为银行对企业的授信额度。

企业从银行得到贷款后的策略也有两种，一种是将贷款用于生态创新，另一种是将贷款用于非生态创新的其他活动。两种选择策略都会导致经济绩效的变化，而只有生态创新会导致环境绩效的变化。

对于银行而言，在一定的企业信用风险水平下，提高贷款利率和贷款额度肯定能够提升银行的利息收入，增加其经济绩效，但是问题是如何确保企业将资金用于生态创新以改善环境。其次，应该如何调整贷款利率和贷款额度，可以使企业更愿意接受绿色信贷政策。

对于企业而言，银行给予的信贷资金可以缓解其财务约束，但是问题是为何要将资金用于生态创新而非其他活动，以及在不同类型的生态创新中该如何更有效更合理地分配资金。

该问题本质上就是一个博弈问题。银行和企业都面临着不同策略的选择，也都面临着权衡经济绩效和环境绩效的选择。因此本章在构建了银行和企业的经济绩效、环境绩效和综合绩效模型的基础上，利用演化博弈理论确定银行开展绿色信贷以及企业实施生态创新的演化稳定条件，以此为面向企业生态创新的绿色信贷授信策略提供理论参考依据。变量和参数如表 5 - 1 所示。

表 5 - 1　　变量和参数

符号		描述
变量	B	银行的综合绩效
	R	银行收益，代理银行的经济绩效
	F	企业的综合绩效
	V	企业价值，代理企业的经济绩效
	M	环境绩效
	I	银行的贷款额度
	r	银行的贷款利率

续表

符号		描述
参数	α	银行的环境偏好
	β	企业的环境偏好
	η	环境效费比率
	q	企业的托宾 q 值
	d	企业的信用风险，等于违约概率×违约损失率
	ρ	投资调整成本系数
	J	企业投资生态创新后的资本收益率变动
	ε	企业投资其他活动后的资本收益率变动
	K	企业的资本
	τ	贴现因子
下标	ina	企业的无形资产
	fia	企业的固定资产
	o	传统信贷
	g	绿色信贷
	t	时间

5.2.2 绩效模型构建

1. 银行的经济绩效模型

银行在开展信贷业务的过程中，越来越注重收益与风险相匹配的原则。因为可以有效衡量赚取回报所需承担的风险，风险调整资本回报率（Risk Adjusted Return on Capital，RAROC）已成为目前最被银行认可的风险调整绩效指标之一[234]，被广泛用于根据金融产品固有风险对信贷资金进行定价。

假设企业获得授信后足额提取，并且在期末一次性还款。由信孚银行（Bankers Trust）创建的 RAROC 标准公式可知，经过风险调整后的银行经济绩效为：

$$R_t = r_t I_t - dI_t - C \tag{5.1}$$

R 代表银行的经济绩效，r 是贷款利率，I 是贷款额度。C 为银行成本，设定为一个常数。$d = PD \times LGD$。PD（Probability of Default）为企业的违约概率，$0 < PD < 1$。LGD（Loss Given Default）为违约损失率，d 设定为一个常数。

当企业在 t 时刻向银行足额提取贷款额度 I_t，其中 $I_{t,ina}$ 用于无形资产投资，$I_{t,fia}$ 用于固定资产投资，即：

$$I_t = I_{t,ina} + I_{t,fia} \tag{5.2}$$

2. 企业的经济绩效模型

与 Abel 等[235]保持一致，用企业的价值衡量企业投资获取的经济绩效，利用新古典主义的投资理论构建企业的贴现现金流模型（Discounting Cash Flow，DCF）。考虑一个竞争性的规模报酬不变型企业，在一定技术条件下，企业 t 时刻的收益 π 为①：

$$\pi_t = \theta_t K_t \tag{5.3}$$

公式（5.3）中的 K 为企业资本，θ 为单位资本收益率。企业的投资决策，在于最大化扣除总投资成本后的预期营业收益的现值。参照 Andrei 等[236]和 Peters 等[221]，构建企业的价值方程模型如下：

$$V_t = \mathrm{E}_t \int_t^{\infty} [\pi(\theta_s, K_s) - \varphi_{ina}(I_{s,ina}, K_s) - \varphi_{fia}(I_{s,fia}, K_s)] e^{-\tau(s-t)} ds \tag{5.4}$$

τ 代表贴现因子。总投资成本 φ 包含购买成本和调整成本，分别为：

$$\begin{aligned} \varphi_{t,ina} &= r_t I_{t,ina} + \frac{\rho_{ina} I_{t,ina}^2}{2K_t} \\ \varphi_{t,fia} &= r_t I_{t,fia} + \frac{\rho_{fia} I_{t,fia}^2}{2K_t} \end{aligned} \tag{5.5}$$

公式（5.5）等式右边的前两项分别表示投资的购买成本，最后一项表示投资的调整成本。ρ_{ina} 和 ρ_{fia} 分别代表无形资产投资和固定资产投资的调整成本系数。

根据哈密顿－雅可比－贝尔曼方程（Hamilton－Jacobi－Bellman，HJB），可求解公式（5.4）如下（求解过程见附录五）：

$$V_t = \frac{1}{\tau}\left[\theta_t K_t - r_t(I_{t,ina} + I_{t,fia}) - \frac{\rho_{ina} I_{t,ina}^2}{2K_t} - \frac{\rho_{fia} I_{t,fia}^2}{2K_t} + \frac{E(dV_t)}{dt}\right] \tag{5.6}$$

3. 环境绩效模型

在不考虑政府规制条件下，银行业金融机构开展绿色信贷以及企业实施

---

① 根据 CD 生产函数，有企业收益 $\pi_t = Z_t L_t^{1-\zeta} K_t^{\zeta} - w_t L_t$。$Z_t$、$L_t$、$K_t$ 和 w_t 分别代表 t 时刻企业的综合技术水平、劳动力、资本和单位劳动力的报酬率。ζ 为资本产出弹性系数。由于劳动力的变化影响不是本书的关注重点，因此固定劳动力输入，并将 w_t 设置为 1。简化后得：$\pi_t = \max_{L_t}(Z_t L_t^{1-\zeta} K_t^{\zeta} - L_t) = \zeta(1-\zeta)^{\frac{1-\zeta}{\zeta}} Z_t^{\frac{1}{\zeta}} K_t = \theta_t K_t$。

生态创新的最本质原因，是出于社会责任而对环境绩效的追求。银行业金融机构主要经营货币信贷业务，其本身并不能直接影响环境[38]。银行业金融机构的环境绩效是通过企业而间接获得。因此，银行的环境绩效与企业的环境绩效的来源是一致的。

由于迄今为止企业的环境绩效还没有无可争议的定义，其性质和维度也没有明确的概念化[118]，因此衡量指标并不唯一。现有文献主要是从客观和主观两种途径来衡量企业的环境效益。客观途径主要是考察企业的污染排放和能源消耗，通常采用碳排放[237]、污染物排放[238]、生命周期评估[239]或环境绩效指数[240]等指标来衡量。而主观途径是通过考察企业在环境改善方面的努力，例如第三方环境体系认证[241,242]、日经环境管理调查（Nikkei Environmental Management Survey）[243]以及环境提升技术和环境管理系统的支出[244]等指标。这些指标的共同点，在于反映出企业为提高环境效益而采取的具体行动。

由于大量文献从理论和实证层面都支持生态创新对环境绩效具有实质性的贡献[61,70,142,172]，而在环境经济学里，效益费用分析（Benefit Cost Analysis）被广泛用于对比分析活动投入的资金与其产生的环境效益[245]，所以利用环境效益费用模型（Environment Benefit - Cost，EBC）来衡量企业创造的环境效益。

$$M_t = \eta_{ina} I_{t,ina} + \eta_{fia} I_{t,fia} \tag{5.7}$$

如公式（5.7）所示，环境绩效 M 取决于企业生态创新投入资金 I 和环境效费比率 η。

4. 银行和企业的综合绩效模型

从效用的角度，对于银行和企业而言，经济绩效和环境绩效属于相互偏好独立，而且经济绩效和环境绩效的边际效用都是线性的，因此构建银行和企业的综合绩效模型（Multi - attribution utility function，MAUF）如公式（5.8）和公式（5.9）所示①。

$$B_t = (1-\alpha) R_t + \alpha M_t \tag{5.8}$$

$$F_t = (1-\beta) V_t + \beta M_t \tag{5.9}$$

公式（5.8）中的 B 为银行的综合效益，公式（5.9）中的 F 为企业的综合效益。α 和 β 分别为银行和企业的环境偏好，取值范围为 0 ~ 1。

---

① 公式（5.8）和公式（5.9）本质上是一种完全替代效用函数。可以假定，银行或企业会由于自身的社会责任和环境偏好，在经济效益和环境效益之间存在固定的替代比例关系。当银行或企业达到政府规定的环境要求时，$0<\alpha,\beta\leqslant 0.5$。而当银行或企业未达到政府规定的环境要求时，$0.5<\alpha,\beta\leqslant 1$。

5.3 演化博弈均衡与仿真

本节采用演化博弈分析来探讨企业开展绿色信贷及企业实施生态创新的演化稳定条件。为了分辨绿色信贷和传统信贷的差异，设定传统信贷的贷款额度为 I_o，利率为 r_o，而绿色信贷的贷款额度为 I_g，利率为 r_g。银行和企业在不同行为策略下的博弈矩阵如图 5－2 所示。

		企业	
		生态创新 (y)	其他活动 (1-y)
银行	绿色信贷 (x)	B_1, F_1	B_3, F_3
	传统信贷 (1-x)	B_2, F_2	B_4, F_4

图 5－2 博弈矩阵

5.3.1 情景分析结果

1. 情景Ⅰ：银行开展绿色信贷，企业实施生态创新

首先分析该情景下企业的经济绩效。通过公式（5.3）可知，t 时刻企业的收益取决于企业资本 K_t 和单位资本的收益率 θ_t。

企业的资本 K_t 可以分为固定资产资本 $K_{t,fia}$ 和无形资产资本 $K_{t,ina}$[221]，即：

$$K_t = K_{t,fia} + K_{t,ina} \tag{5.10}$$

通过永续盘存法，资本的增长可以由资产投资 I 和资产的折旧率 δ 确定，即：

$$\begin{aligned} dK_{t,ina} &= (I_{t,ina} - \delta_{ina} K_{t,ina})dt \\ dK_{t,fia} &= (I_{t,fia} - \delta_{fia} K_{t,fia})dt \end{aligned} \tag{5.11}$$

另一个方面，θ_t 可以被视为 t 时刻企业单位资本的收益率。由于 θ_t 是技术 A_t 的函数，而技术存在随机波动性[235,247]，因此 θ_t 的均值回归过程为：

$$d\theta_t = \lambda(\mu - \theta_t)dt + \sigma_\theta dW_t^\theta + J_t dt \tag{5.12}$$

公式（5.12）表明，单位资本收益率包含一个均值回归漂移项、一个扩散随机过程和一个受生态创新影响的变化项。平均单位资本收益率 μ 是单位

资本收益率 θ_t 的集中趋势参数。λ 代表均值回归系数。扩散项的方差系数为 σ_θ^2。W_t^θ 为一个标准的布朗运动。

公式（5.12）的最后一项是企业实施生态创新后资本收益率的变化值。创新跳跃理论认为创新会使资本收益率产生跳跃[248]。这种跳跃可能是一个常数，也可能是一个随机变量。因此，为简化模型，本书设定 J 为一个常数，这种设定在 Andrei 等[236]的文献里也有应用。

将公式（5.11）和公式（5.12）代入公式（5.6），并利用伊藤引理（Ito's lemma）求解，可以得到第一种情景下企业的最优投资和最大价值，计算过程见附录六。

$$\begin{aligned} I_{1,ina}^* &= \frac{K}{\rho_{ina}}\left(q - r_{1,g} + \frac{\tau\beta\eta_{ina}}{1-\beta}\right) \\ I_{1,fia}^* &= \frac{K}{\rho_{fia}}\left(q - r_{1,g} + \frac{\tau\beta\eta_{fia}}{1-\beta}\right) \end{aligned} \tag{5.13}$$

$$V_1^* = \frac{1}{\tau}\left[\begin{aligned} &\frac{K(\rho_{ina}+\rho_{fia})(q-r_{1,g})^2}{2\rho_{ina}\rho_{fia}} - \frac{K(\eta_{ina}^2\rho_{fia}+\eta_{fia}^2\rho_{ina})}{2\rho_{ina}\rho_{fia}}\left(\frac{\tau\beta}{1-\beta}\right)^2 + J_\theta V_\theta \\ &+ \theta K - (\delta_{ina}K_{ina}+\delta_{fia}K_{fia})q + \lambda(\mu-\theta)V_\theta + \frac{1}{2}\sigma_\theta^2 V_{\theta,\theta} \end{aligned}\right] \tag{5.14}$$

另外，将企业的最优投资代入公式（5.7），可以得到情景 I 时企业取得的环境绩效为：

$$M_1 = \frac{K(\eta_{ina}\rho_{fia}+\eta_{fia}\rho_{ina})(q-r_{1,g})}{\rho_{ina}\rho_{fia}} + \frac{K\tau\beta(\eta_{ina}^2\rho_{fia}+\eta_{fia}^2\rho_{ina})}{\rho_{ina}\rho_{fia}(1-\beta)} \tag{5.15}$$

因此，企业的综合绩效为：

$$\begin{aligned} F_1 = (1-\beta)\frac{1}{\tau}&\left[\begin{aligned} &\frac{K(\rho_{ina}+\rho_{fia})(q-r_{1,g})^2}{2\rho_{ina}\rho_{fia}} - \frac{K(\eta_{ina}^2\rho_{fia}+\eta_{fia}^2\rho_{ina})}{2\rho_{ina}\rho_{fia}}\left(\frac{\tau\beta}{1-\beta}\right)^2 + JV_\theta \\ &+ \theta K - (\delta_{ina}K_{ina}+\delta_{fia}K_{fia})q + \lambda(\mu-\theta)V_\theta + \frac{1}{2}\sigma_\theta^2 V_{\theta,\theta} \end{aligned}\right] + \\ \beta&\left[\frac{K(\eta_{ina}\rho_{fia}+\eta_{fia}\rho_{ina})(q-r_{1,g})}{\rho_{ina}\rho_{fia}} + \frac{K\tau\beta(\eta_{ina}^2\rho_{fia}+\eta_{fia}^2\rho_{ina})}{\rho_{ina}\rho_{fia}(1-\beta)}\right] \end{aligned} \tag{5.16}$$

该情景下，银行的综合绩效为：

$$B_1 = (1-\alpha)\frac{1}{\tau}\left[(r_{1,g}-d)\frac{K\left[(\rho_{fia}+\rho_{ina})(q-r_{1,g}) + (\eta_{ina}\rho_{fia}+\eta_{fia}\rho_{ina})\frac{\tau\beta}{1-\beta}\right]}{\rho_{ina}\rho_{fia}} - C\right] +$$

$$\alpha\left[\frac{K(\eta_{ina}\rho_{fia}+\eta_{fia}\rho_{ina})(q-r_{1,g})}{\rho_{ina}\rho_{fia}}+\frac{K\tau\beta(\eta_{ina}^{2}\rho_{fia}+\eta_{fia}^{2}\rho_{ina})}{\rho_{ina}\rho_{fia}(1-\beta)}\right] \tag{5.17}$$

由于该情景下银行开展绿色信贷，因此银行综合效用最大的利率为：

$$r_{1,g}^{*}=\frac{1}{2}(q+d)+\frac{\tau(\eta_{ina}\rho_{fia}+\eta_{fia}\rho_{ina})}{2(\rho_{ina}+\rho_{fia})}\left(\frac{\beta}{1-\beta}-\frac{\alpha}{1-\alpha}\right)$$

此时的贷款额度为：

$$I_{1,g}^{*}=\frac{K(\rho_{ina}+\rho_{fia})}{2\rho_{ina}\rho_{fia}}(q-d)+\frac{\tau K(\eta_{ina}\rho_{fia}+\eta_{fia}\rho_{ina})}{2\rho_{ina}\rho_{fia}}\left(\frac{\alpha}{1-\alpha}+\frac{\beta}{1-\beta}\right)$$

2. 情景Ⅱ：银行保持传统信贷，企业实施生态创新

由于该情景下企业实施生态创新，因此和情景Ⅰ一致，以综合绩效最大化为投资决策。与情景Ⅰ的区别，在于利率是传统信贷利率，见公式（5.18）所示：

$$\begin{aligned} I_{2,ina}^{*}&=\frac{K}{\rho_{ina}}\left(q-r_{2,o}+\frac{\tau\beta\eta_{ina}}{1-\beta}\right)\\ I_{2,fia}^{*}&=\frac{K}{\rho_{fia}}\left(q-r_{2,o}+\frac{\tau\beta\eta_{fia}}{1-\beta}\right)\end{aligned} \tag{5.18}$$

可以得到该情景下企业的综合绩效为：

$$F_{2}=(1-\beta)\frac{1}{\tau}\left[\begin{array}{l}\dfrac{K(\rho_{ina}+\rho_{fia})(q-r_{2,o})^{2}}{2\rho_{ina}\rho_{fia}}-\dfrac{K(\eta_{ina}^{2}\rho_{fia}+\eta_{fia}^{2}\rho_{ina})}{2\rho_{ina}\rho_{fia}}\left(\dfrac{\tau\beta}{1-\beta}\right)^{2}+JV_{\theta}\\ +\theta K-(\delta_{ina}K_{ina}+\delta_{fia}K_{fia})q+\lambda(\mu-\theta)V_{\theta}+\dfrac{1}{2}\sigma_{\theta}^{2}V_{\theta,\theta}\end{array}\right]+$$

$$\beta\left[\frac{K(\eta_{ina}\rho_{fia}+\eta_{fia}\rho_{ina})(q-r_{2,o})}{\rho_{ina}\rho_{fia}}+\frac{K\tau\beta(\eta_{ina}^{2}\rho_{fia}+\eta_{fia}^{2}\rho_{ina})}{\rho_{ina}\rho_{fia}(1-\beta)}\right] \tag{5.19}$$

在该情景下，银行的综合绩效为：

$$B_{2}=(1-\alpha)\frac{1}{\tau}\left[(r_{2,o}-d)\frac{K\left[(\rho_{fia}+\rho_{ina})(q-r_{2,o})+(\eta_{ina}\rho_{fia}+\eta_{fia}\rho_{ina})\dfrac{\tau\beta}{1-\beta}\right]}{\rho_{ina}\rho_{fia}}-C\right]+$$

$$\alpha\left[\frac{K(\eta_{ina}\rho_{fia}+\eta_{fia}\rho_{ina})(q-r_{2,o})}{\rho_{ina}\rho_{fia}}+\frac{K\tau\beta(\eta_{ina}^{2}\rho_{fia}+\eta_{fia}^{2}\rho_{ina})}{\rho_{ina}\rho_{fia}(1-\beta)}\right] \tag{5.20}$$

由于该情景下银行实施的是传统信贷，其利率根据经济绩效最大化而定，因此该情景下的利率为：

$$r_{2,o}^{*}=\frac{1}{2}(q+d)+\frac{\tau\beta(\eta_{ina}\rho_{fia}+\eta_{fia}\rho_{ina})}{2(1-\beta)(\rho_{ina}+\rho_{fia})}$$

此时的贷款额度为：

$$I_{2,o}^{*}=\frac{K(\rho_{ina}+\rho_{fia})}{2\rho_{ina}\rho_{fia}}(q-d)+\frac{\tau K\beta(\eta_{ina}\rho_{fia}+\eta_{fia}\rho_{ina})}{2\rho_{ina}\rho_{fia}(1-\beta)}$$

3. 情景Ⅲ：银行开展绿色信贷，企业投资其他活动

该情景下企业的资本收益率为：

$$d\theta_t=\lambda(\mu-\theta_t)dt+\sigma_\theta dW_t^\theta+\varepsilon_t dt \tag{5.21}$$

ε 为投资其他活动导致的资本收益率变动。

由于该情景企业投资的是非生态创新的其他活动，需要保证企业经济绩效的最大化，因此该情景下的最佳投资额为：

$$I_{3,ina}^{*}=\frac{K}{\rho_{ina}}(q-r_{3,g})$$
$$I_{3,fia}^{*}=\frac{K}{\rho_{fia}}(q-r_{3,g}) \tag{5.22}$$

因此可以得到该情景下企业的综合绩效为：

$$F_3=\frac{1-\beta}{\tau}\left[\begin{array}{l}\frac{K(\rho_{ina}+\rho_{fia})(q-r_{3,g})^2}{2\rho_{ina}\rho_{fia}}+\varepsilon V_\theta\\ +\theta K-(\delta_{ina}K_{ina}+\delta_{fia}K_{fia})q+\lambda(\mu-\theta)V_\theta+\frac{1}{2}\sigma_\theta^2 V_{\theta,\theta}\end{array}\right] \tag{5.23}$$

由于该情景银行开展的是绿色信贷，银行的预期综合绩效为：$\frac{1-\alpha}{\tau}\left[(r_{3,g}-d)\frac{K(\rho_{ina}+\rho_{fia})(q-r_{3,g})}{\rho_{ina}\rho_{fia}}-C\right]+\frac{\alpha K(\eta_{ina}\rho_{fia}+\eta_{fia}\rho_{ina})}{\rho_{ina}\rho_{fia}}(q-r_{3,g})$，因此通过综合绩效最大化确定该情景下的利率为：

$$r_{3,g}^{*}=\frac{1}{2}(q+d)-\frac{\tau\alpha(\eta_{ina}\rho_{fia}+\eta_{fia}\rho_{ina})}{2(1-\alpha)(\rho_{ina}+\rho_{fia})}$$

该情景下，银行实际的综合绩效为：

$$B_3=\frac{1-\alpha}{\tau}\left[(r_{3,g}-d)\frac{K(\rho_{ina}+\rho_{fia})(q-r_{3,g})}{\rho_{ina}\rho_{fia}}-C\right] \tag{5.24}$$

此时的贷款额度为：

$$I_{3,g}^{*}=\frac{K(\rho_{ina}+\rho_{fia})}{2\rho_{ina}\rho_{fia}}(q-d)+\frac{\tau\alpha K(\eta_{ina}\rho_{fia}+\eta_{fia}\rho_{ina})}{2\rho_{ina}\rho_{fia}(1-\alpha)}$$

4. 情景Ⅳ：银行保持传统信贷，企业投资其他活动

该情景下的贷款额度与情景Ⅱ一致：

$$I^*_{4,ina} = \frac{K}{\rho_{ina}}(q - r_{4,o})$$
$$I^*_{4,fia} = \frac{K}{\rho_{fia}}(q - r_{4,o}) \tag{5.25}$$

由于企业投资非生态创新的其他活动，因此资本存量和资本收益率的变化与情景Ⅲ一致，得到该情景下企业的综合绩效为：

$$F_4 = (1-\beta)\frac{1}{\tau}\left[\begin{array}{l}\dfrac{Kq(\rho_{fia}+\rho_{ina})(q-r_0)^2}{2\rho_{fia}\rho_{ina}} + \varepsilon V_\theta + \theta K \\ -(\delta_{ina}K_{ina} + \delta_{fia}K_{fia})q + \lambda(\mu-\theta)V_\theta + \dfrac{1}{2}\sigma_\theta^2 V_{\theta,\theta}\end{array}\right] \tag{5.26}$$

银行的综合绩效为：

$$B_4 = (1-\alpha)\left[(r_0 - d)\frac{K(\rho_{fia}+\rho_{ina})(q-r_0)}{\rho_{fia}\rho_{ina}} - C\right] \tag{5.27}$$

因此，该情景下，贷款利率和贷款额度分别为：

$$r^*_{4,o} = \frac{1}{2}(q+d)$$

$$I^*_{4,o} = \frac{K(\rho_{ina}+\rho_{fia})}{2\rho_{ina}\rho_{fia}}(q-d)$$

5.3.2 复制者动态方程均衡条件

基于上述分析，银行开展绿色信贷的预期收益为 $E_{x,b} = yB_1 + (1-y)B_3$，保持传统信贷的预期收益为 $E_{1-x,b} = yB_2 + (1-y)B_4$，因此银行的平均期望收益为：

$$\begin{aligned}\bar{E}_b &= xE_{x,b} + (1-x)E_{1-x,b} \\ &= xyB_1 + x(1-y)B_3 + y(1-x)B_2 + (1-y)(1-x)B_4\end{aligned} \tag{5.28}$$

同理，企业开展生态创新的预期综合收益为 $E_{y,f} = xF_1 + (1-x)F_2$，企业投资非生态创新的其他活动的预期综合收益为 $E_{1-y,f} = xF_3 + (1-x)F_4$。因此混合策略下企业的平均期望收益为：

$$\begin{aligned}\bar{E}_f &= yE_{y,f} + (1-y)E_{1-y,f} \\ &= xyF_1 + (1-x)yF_2 + x(1-y)F_3 + (1-x)(1-y)F_4\end{aligned} \tag{5.29}$$

根据演化博弈理论，一种策略的预期收益高于其他策略的平均期望收益时，该策略将会强力阻止其他策略的入侵，并驱动群体演化过程的适应[249]。因此复制者动态方程为：

$$P(x)=\frac{dx}{dt}=x(E_{x,b}-\bar{E}_b)=x(1-x)[y(B_1-B_2)+(1-y)(B_3-B_4)] \tag{5.30}$$

$$P(y)=\frac{dy}{dt}=y(E_{y,f}-\bar{E}_f)=y(1-y)[x(F_1-F_3)+(1-x)(F_2-F_4)] \tag{5.31}$$

通过对公式（5.30）和公式（5.31）的求解，可知5个复制者动态均衡解分别为（0，0），（0，1），（1，0），（1，1）和（x^*，y^*），其中：

$$x^*=\frac{F_4-F_2}{F_1+F_4-F_2-F_3},y^*=\frac{B_4-B_3}{B_1+B_4-B_2-B_3}$$

因为通过复制动态方程得到的稳定点必须严格处于纯策略的纳什均衡，而（x^*，y^*）是一个混合策略纳什均衡，不可能成为一个稳定点。因此，只需要判断其他四个均衡点的稳定性。

由于演化稳定策略（evolutionarily stable strategy，ESS）必须具有抵抗有限理性引起的误差或偏差的能力，也就是扰动后恢复到稳定点的能力，因而均衡点并不都是ESS[250,251]。考虑到微分方程的稳定性和ESS的性质，ESS必须对轻微扰动具有鲁棒性，因此利用雅可比矩阵判断进化系统的平衡点是否稳定，复制因子动力系统的雅可比矩阵如下定义：

$$T=\begin{bmatrix} i_{11} & i_{12} \\ i_{21} & i_{22} \end{bmatrix}=\begin{bmatrix} \frac{\partial P(x)}{\partial x} & \frac{\partial P(x)}{\partial y} \\ \frac{\partial P(y)}{\partial x} & \frac{\partial P(y)}{\partial y} \end{bmatrix}$$

因此有：

$$i_{11}=(1-2x)[y(B_1-B_2)+(1-y)(B_3-B_4)]$$

$$i_{12}=x(1-x)(B_1-B_2+B_4-B_3)$$

$$i_{21}=y(1-y)(F_1-F_3+F_4-F_2)$$

$$i_{22}=(1-2y)[x(F_1-F_3)+(1-x)(F_2-F_4)]$$

雅可比矩阵的行列式和迹分别用 $\det T$ 和 $\mathrm{tr}T$ 表示，分别记为：$\det T=i_{11}i_{22}-i_{12}i_{21}$ 和 $\mathrm{tr}T=i_{11}+i_{22}$。当 $\det T>0$ 且 $\mathrm{tr}T<0$ 时，复制者动态系统的平衡点局部稳定，即为演化博弈的ESS。同时，当演化策略达到稳态时，必须存在

抗扰动能力，即 $P(x)<0$，且 $P(y)>0$[183]。因此，演化博弈策略的稳定条件如表 5－2 所示。

表 5－2　演化博弈策略的稳定条件

情景	均衡点	行列式符号	迹符号	状态	稳定条件
Ⅰ	(0, 0)	+	+	不稳定	$B_1>B_2$ $F_1>F_3$
	(0, 1)	−	±	鞍点	
	(1, 0)	−	±	鞍点	
	(1, 1)	+	−	ESS	
Ⅱ	(0, 0)	−	±	鞍点	$B_2>B_1$ $F_2>F_4$
	(0, 1)	+	−	ESS	
	(1, 0)	+	+	不稳定	
	(1, 1)	−	±	鞍点	
Ⅲ	(0, 0)	−	±	鞍点	$B_3>B_4$ $F_3>F_1$
	(0, 1)	+	+	不稳定	
	(1, 0)	+	−	ESS	
	(1, 1)	−	±	鞍点	
Ⅳ	(0, 0)	+	−	ESS	$B_4>B_3$ $F_4>F_2$
	(0, 1)	−	±	鞍点	
	(1, 0)	−	±	鞍点	
	(1, 1)	+	+	不稳定	

5.3.3　最佳授信策略

通过 5.3.1 节的分析，列出了四种情景下的最优利率和最佳贷款额度，不同情景下的最优利率和最佳贷款额度如表 5－3 所示。

表 5－3　不同情景下的最优利率和最佳贷款额度

情景	最佳利率	最佳贷款额度
Ⅰ	$\frac{1}{2}(q+d)+\frac{\tau(\eta_{ina}\rho_{fia}+\eta_{fia}\rho_{ina})}{2(\rho_{ina}+\rho_{fia})}\left(\frac{\beta}{1-\beta}-\frac{\alpha}{1-\alpha}\right)$	$\frac{K(\rho_{ina}+\rho_{fia})}{2\rho_{ina}\rho_{fia}}(q-d)+\frac{\tau K(\eta_{ina}\rho_{fia}+\eta_{fia}\rho_{ina})}{2\rho_{ina}\rho_{fia}}\left(\frac{\alpha}{1-\alpha}+\frac{\beta}{1-\beta}\right)$

续表

情景	最佳利率	最佳贷款额度
Ⅱ	$\frac{1}{2}(q+d)+\frac{\tau(\eta_{ina}\rho_{fia}+\eta_{fia}\rho_{ina})\beta}{2(\rho_{ina}+\rho_{fia})(1-\beta)}$	$\frac{K(\rho_{ina}+\rho_{fia})}{2\rho_{ina}\rho_{fia}}(q-d)+\frac{\tau K(\eta_{ina}\rho_{fia}+\eta_{fia}\rho_{ina})\beta}{2\rho_{ina}\rho_{fia}(1-\beta)}$
Ⅲ	$\frac{1}{2}(q+d)-\frac{\tau(\eta_{ina}\rho_{fia}+\eta_{fia}\rho_{ina})\alpha}{2(\rho_{ina}+\rho_{fia})(1-\alpha)}$	$\frac{K(\rho_{ina}+\rho_{fia})}{2\rho_{ina}\rho_{fia}}(q-d)+\frac{\tau K(\eta_{ina}\rho_{fia}+\eta_{fia}\rho_{ina})\alpha}{2\rho_{ina}\rho_{fia}(1-\alpha)}$
Ⅳ	$\frac{1}{2}(q+d)$	$\frac{K(\rho_{ina}+\rho_{fia})}{2\rho_{ina}\rho_{fia}}(q-d)$

当银行和企业采取不同行为策略时，贷款利率和贷款额度的最优解有明显差异。在同一种信贷政策下，即情景Ⅰ和情景Ⅲ（或者情景Ⅱ和情景Ⅳ），企业投资生态创新时的最优贷款利率，应该高于企业投资非生态创新的其他活动时的最优贷款利率，两者的差额为$\frac{\tau(\eta_{ina}\rho_{fia}+\eta_{fia}\rho_{ina})\beta}{2(\rho_{ina}+\rho_{fia})(1-\beta)}$。与此同时，企业投资生态创新时的最佳贷款额度也应该高于企业投资非生态创新的其他活动时的最佳贷款额度，其差额为$\frac{\tau K(\eta_{ina}\rho_{fia}+\eta_{fia}\rho_{ina})\beta}{2\rho_{ina}\rho_{fia}(1-\beta)}$。

在不同的信贷政策下，即情景Ⅰ和情景Ⅱ（或者情景Ⅲ和情景Ⅳ），绿色信贷的最优贷款利率应该低于传统信贷的最优贷款利率，差额为$\frac{\tau(\eta_{ina}\rho_{fia}+\eta_{fia}\rho_{ina})\alpha}{2(\rho_{ina}+\rho_{fia})(1-\alpha)}$。与此同时，绿色信贷的最佳贷款额度应该高于传统信贷的最佳贷款额度，差额为$\frac{\tau K(\eta_{ina}\rho_{fia}+\eta_{fia}\rho_{ina})\alpha}{2\rho_{ina}\rho_{fia}(1-\alpha)}$。

通过5.3.2节的分析，可以看到，银行实施绿色信贷以及企业开展生态创新策略的演化稳定条件是$B_1>B_2$，且$F_1>F_3$。因此构建两个约束函数$X_1=B_1-B_2$和$X_2=F_1-F_3$。如果$X_1>0$，意味着稳定条件$B_1>B_2$得以保证，而$X_2>0$则意味着稳定条件$F_1>F_3$得以保证。

由于B_1和B_2是不同银行信贷政策下的银行综合绩效，因此，通过公式（5.17）和公式（5.20），可得：

$$X_1=\frac{K\tau\ (\eta_{ina}\rho_{fia}+\eta_{fia}\rho_{ina})^2\alpha^2}{4\rho_{ina}\rho_{fia}(\rho_{ina}+\rho_{fia})(1-\alpha)} \tag{5.32}$$

F_1和F_3则是在同一信贷政策下的企业不同策略综合绩效，因此通过公式（5.16）和公式（5.23）可得：

$$X_2=(J_\theta-\varepsilon)+\frac{K\tau(\eta_{ina}\rho_{fia}+\eta_{fia}\rho_{ina})\beta}{2V_\theta\rho_{ina}\rho_{fia}(1-\beta)}(q-d)+$$

$$\frac{K\tau^2(\eta_{ina}\rho_{fia}+\eta_{fia}\rho_{ina})^2\alpha\beta}{2V_\theta\rho_{ina}\rho_{fia}(\rho_{ina}+\rho_{fia})(1-\alpha)(1-\beta)}+\frac{K\tau^2(\eta_{ina}-\eta_{fia})^2\beta^2}{2V_\theta(\rho_{ina}+\rho_{fia})(1-\beta)^2}\qquad(5.33)$$

由于 $1>\alpha>0$，恒有 $X_1>0$，因此可以得到以下结论：当 $\frac{\tau(\eta_{ina}\rho_{fia}+\eta_{fia}\rho_{ina})\beta}{2\rho_{ina}\rho_{fia}(1-\beta)}(q-d)+\frac{\tau^2(\eta_{ina}\rho_{fia}+\eta_{fia}\rho_{ina})^2\alpha\beta}{2\rho_{ina}\rho_{fia}(\rho_{ina}+\rho_{fia})(1-\alpha)(1-\beta)}+\frac{\tau^2(\eta_{ina}-\eta_{fia})^2\beta^2}{2(\rho_{ina}+\rho_{fia})(1-\beta)^2}>\frac{V_\theta}{K}(\varepsilon-J)$ 时，绿色信贷的最佳贷款额度为

$I_g^*=\frac{K(\rho_{ina}+\rho_{fia})}{2\rho_{ina}\rho_{fia}}(q-d)+\frac{\tau K(\eta_{ina}\rho_{fia}+\eta_{fia}\rho_{ina})}{2\rho_{ina}\rho_{fia}}\left(\frac{\alpha}{1-\alpha}+\frac{\beta}{1-\beta}\right)$，最优贷款利率为 $r_g^*=\frac{1}{2}(q+d)+\frac{\tau(\eta_{ina}\rho_{fia}+\eta_{fia}\rho_{ina})}{2(\rho_{ina}+\rho_{fia})}\left(\frac{\beta}{1-\beta}-\frac{\alpha}{1-\alpha}\right)$，可以保证银行开展绿色信贷以及企业实施生态创新的演化稳定。

5.3.4　数值仿真

本节通过数值模拟检验上述的理论成果，并进一步探讨环境偏好、环境效费比率以及最佳授信决策对银行和企业的影响。

1. 环境偏好对银行和企业的影响

Peters 等[221]对无形资产投资的调整成本系数 ρ_{ina} 和固定资产投资的调整成本系数 ρ_{fia} 进行了深入研究，发现无形资产投资调整成本系数是固定资产投资调整成本系数的两倍，因此采用 Peters 等[221]的研究结论，设定 $\rho_{ina}=20$，$\rho_{fia}=10$。其他相关参数如下：$\tau=0.8$，$d=0.03$，$q=1$。

（1）环境偏好对银行绿色信贷的影响。图 5－3 是当 $\varepsilon=J$ 时，绿色信贷演化稳定条件 X_2 随企业的环境偏好 β 和银行的环境偏好 α 的变化曲线。从图 5－3 中可以看到，演化稳定条件 X_2 随着企业和银行的环境偏好的增加而上升，并且企业环境偏好的影响程度大于银行环境偏好的影响程度。

图 5－3 表明，如果企业投资生态创新所能够获得的单位资本收益率增加值 J 大于或等于投资非生态创新的其他活动所能获得的单位资本收益率增加值 ε，即，$J\geqslant\varepsilon$ 时，恒有演化稳定条件 $X_2>0$。在这种情况下，绿色信贷和生态创新会是银行和企业的均衡策略。

企业开展生态创新的阻碍之一，就是企业往往会认为投资生态创新是一

种成本负担[252]，投资生态创新所获得的单位资本收益率要低于投资其他活动所能获得的单位资本收益率。但是从图 5－3 中可以看到，当 $\varepsilon > J$ 时，演化稳定条件 X_2 也存在大于 0 的空间，特别是企业的环境偏好大于 0.5 时，演化稳定条件 X_2 的曲线有明显上升，说明承受更大环境压力的企业在决定投资策略时，更少考虑单位资本收益率的差异。这充分说明绿色信贷和生态创新具有相辅相成的共存特性。演化稳定条件随环境偏好的变化如图 5－3 所示。

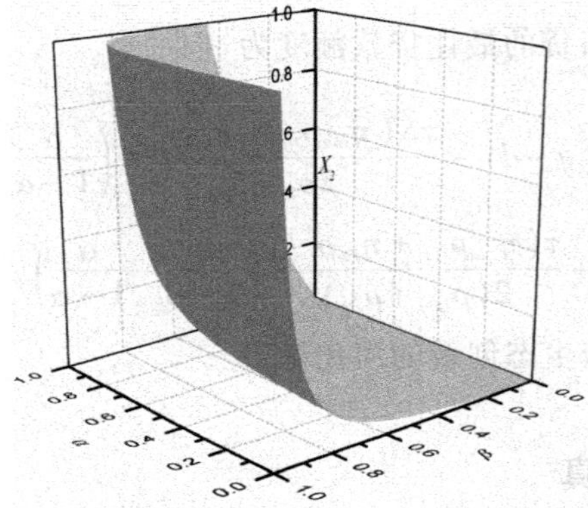

图 5－3　演化稳定条件随环境偏好的变化

最优贷款利率随环境偏好的变化如图 5－4 所示。

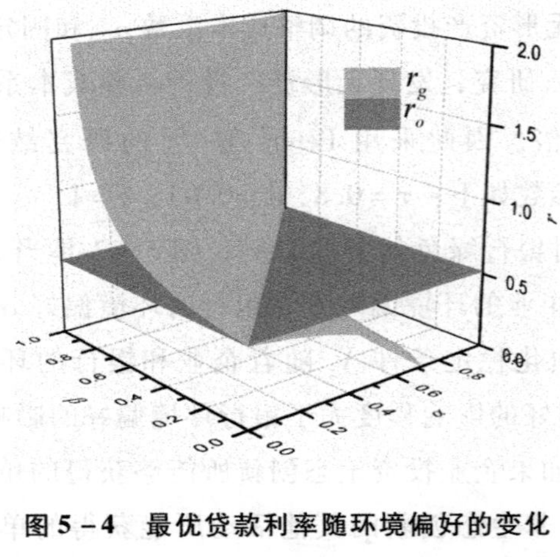

图 5－4　最优贷款利率随环境偏好的变化

图 5－4 表现了环境偏好对绿色信贷最优贷款利率的影响。作为对比，图 5－4 中的红色曲面为传统信贷的最优贷款利率 r_o^*，而绿色曲面为绿色信贷的

最优贷款利率 r_g^*。可以看到，传统信贷的最优贷款利率主要取决于企业的托宾 q 值，并不随企业和银行的环境偏好而改变。但是绿色信贷的最优贷款利率则是在企业托宾 q 值的基础上，受环境偏好的影响较为显著。绿色信贷的最优贷款利率应随着企业环境偏好的增加而上升，随着银行环境偏好的增加而下降。当银行的环境偏好大于企业的环境偏好时，绿色信贷的最优贷款利率应低于传统信贷，而当企业的环境偏好大于银行的环境偏好时，绿色信贷的最优贷款利率应大于传统信贷。

绿色信贷与传统信贷除了在最优贷款利率方面存在差异，在最佳贷款额度方面也存在不同。由于贷款额度和企业资本直接相关，因此图 5－5 的纵坐标为贷款额度与企业资本的比值，即$\frac{I}{K}$，以此消除企业资本的影响。图 5－5 中的红色曲面为传统信贷的最佳贷款额度与企业资本的比值，而绿色曲面为绿色信贷的最佳贷款额度与企业资本的比值。可以看到，传统信贷的最佳贷款额度并不受环境偏好的影响，而绿色信贷的最佳贷款额度与环境偏好有正向变化。这说明绿色信贷必须在传统信贷的基础上提高贷款额度，提高的程度取决于银行和企业的环境偏好。最佳贷款额度资本比随环境偏好的变化如图 5－5 所示。

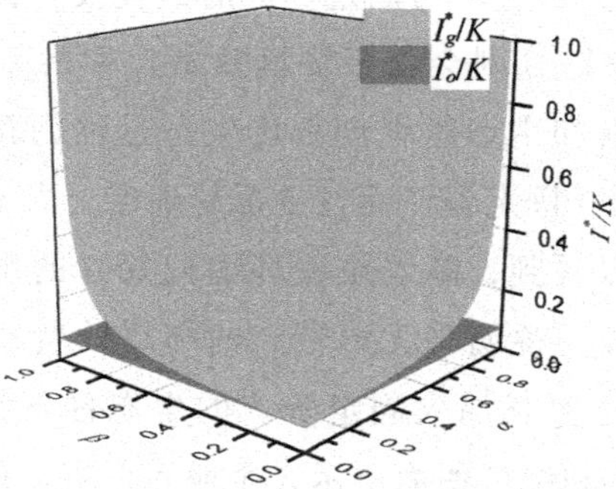

图 5－5　最佳贷款额度资本比随环境偏好的变化

企业无形资产和固定资产的投资比随环境偏好的变化如图 5－6 所示。

（2）环境偏好对企业生态创新的影响。环境偏好除了对绿色信贷产生影响，还对企业的生态创新产生影响。图 5－6 展现了企业无形资产生态创新投资和固定资产生态创新投资的比例随环境偏好变化的曲线。尽管在企业层面，新古典主义投资理论主要通过固定资产投资来检验，但依旧有助于解释无形资产投资[221]。从图 5－6 中可以看到，当企业的环境偏好 $\beta=0$ 时，企业无形

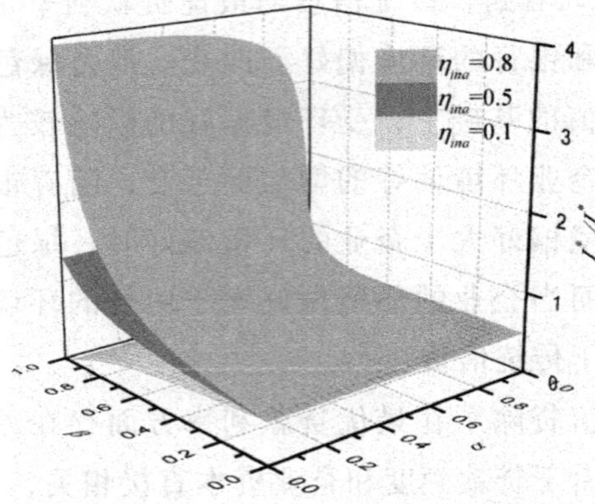

图 5-6　企业无形资产和固定资产的投资比随环境偏好的变化

资产的生态创新投资与固定资产的生态创新投资的比例，是等于企业固定资产投资的调整成本系数与无形资产投资的调整成本系数的比值，即：

$$\frac{I_{ina}^*}{I_{fia}^*}=\frac{\rho_{fia}}{\rho_{ina}} \tag{5.34}$$

这一研究结论与 Peters 等[221]的研究结论一致，表明当企业没有环境偏好时，对无形资产和固定资产投资资金的分配，主要考虑经济绩效的衡量。

如图 5-6 所示，无形资产与固定资产的最佳投资比并不随银行环境偏好 α 变化，而企业环境偏好 β 则会由于环境效费比率的差异对其产生不同的影响。由于生态产品创新和生态组织创新比生态过程创新更具随机性，无形资产的环境效费比率相对于固定资产而言更不易确定。当 $\eta_{fia}>\eta_{ina}$ 时，从图 5-6 中黄色曲面的变化可以看到，随着企业环境偏好 β 的增加，无形资产与固定资产的投资比随之下降，说明当无形资产的环境效费比率低于固定资产的环境效费比率时，企业更愿意加大固定资产的生态创新投资。相反，当 $\eta_{ina}>\eta_{fia}$ 时，如图 5-6 红色和绿色曲面所示，企业无形资产的生态创新投资比会随着环境偏好的增加而增加，其增加的幅度与无形资产的环境效费比率正相关。

2. 环境效费比率对银行和企业的影响

由于环境效费比率直接影响到绿色信贷和生态创新所能取得的环境绩效，因此本节讨论环境效费比率对绿色信贷和生态创新的影响。

（1）环境效费比率对银行绿色信贷的影响。从图 5-7 中可以看到，当 $\varepsilon=J$ 时，恒有绿色信贷和生态创新的演化稳定条件 $X_2>0$。随着环境效费比率 η_{ina} 和 η_{fia} 的增加，演化稳定条件 X_2 呈现上升趋势，说明投资生态创新所能获得的单位资本收益率可以随着环境效费比率的增加而减少，而且固定资产的环境效费比率对演化稳定条件 X_2 的影响要大于无形资产的环境效费比率，其影响程度的差异来自无形资产投资调整成本系数与固定资产投资调整成本系数的比值。另外，当固定银行的环境偏好 α，可以看到，演化稳定条件 X_2 随着企业环境偏好 β 的增加而上升，这与图 5－3 的结果一致，反映出绿色信贷和生态创新的演化稳定，更多来自企业的环境偏好以及企业的环境效费比率。演化稳定条件随环境效费比率的变化如图 5－7 所示。

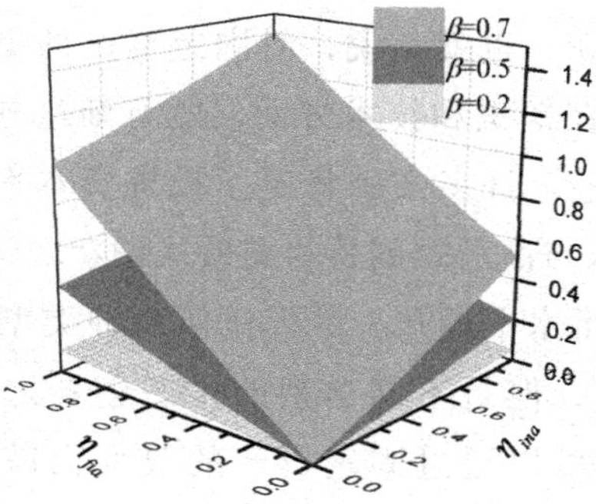

图 5－7　演化稳定条件随环境效费比率的变化

企业资产投资比随环境效费比率的变化如图 5－8 所示。

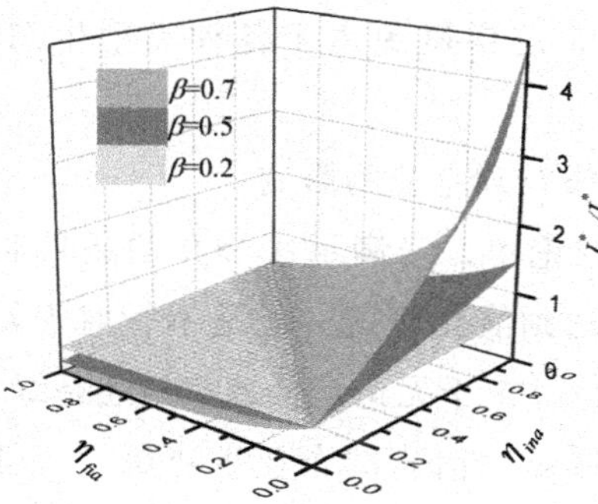

图 5－8　企业资产投资比随环境效费比率的变化

（2）环境效费比率对企业生态创新的影响。环境效费比率还对企业的无形资产和固定资产投资比产生影响，如图 5－8 所示。与图 5－6 表现的结论一致，当企业的环境偏好趋近于 0 时，企业的无形资产和固定资产的投资比趋近于固定资产投资调整成本系数与无形资产投资调整成本系数的比值。企业无形资产和固定资产的投资比，会随着固定资产的环境效费比率 η_{fia} 的增大而减小，随着无形资产的环境效费比率 η_{ina} 的增大而增大，而且这种变化趋势随着企业环境偏好 β 的增加表现更为明显。这反映出承受更大环境压力的企业对无形资产和固定资产的环境效费比率更为敏感，会在 ρ_{fia}/ρ_{ina} 的基础上，更大限度地调整无形资产和固定资产的投资资金分配。

企业在进行生态创新投资决策时往往会面临生态创新多样性的选择。在开展生态创新的过程里，对无形资产的投资可以被视为推动了两种类型的生态创新，一种是渐进式创新，另一种是突破式创新[253]。而对固定资产的投资可以被视为是渐进式创新。也就是说，对固定资产的更新改造会渐进式地提升企业的设备水平，而在知识和技术方面，既有渐进式的技术水平提升，也存在跳跃式的发明和创造。许多文献肯定了投资资本率对技术提升的积极作用[248]，研发资金的投入与渐进式创新和突破式创新之间的转变具有正相关关系，能够获得更高的技术水平提升。尽管任何一种类型的生态创新都会减少生产活动对环境的影响，但是不同类型的生态创新之间的区别，与环境功能有关。生态过程创新可以通过固定资产的改变而减少排放和污染，生态产品创新可以使产品的资源密集度更低、能源效率更高，甚至带来更高的无形资产资本，而生态组织创新对环境绩效的贡献是间接的，是可以推动其他类型生态创新的[70]。因此企业在进行生态创新投资决策时，可以根据无形资产和固定资产生态创新投资所能获得的环境效费比率来确定无形资产和固定资产的投资比，这样避免由于各种类型生态创新的特征差异导致的投资失衡。

3. 最佳授信策略对银行和企业的影响

在 5.3.3 节的分析结论中，当满足 $X_2>0$ 的条件时，基于综合绩效最大化的绿色信贷政策可以达到演化稳定。但是不管对于银行还是企业而言，经济绩效依旧占有重要地位。由于无论是传统信贷还是绿色信贷，企业的托宾 q 值和信用风险 d 都是直接影响信贷的企业主要属性特征。因此本节以企业的托宾 q 值和信用风险 d 为自变量，探讨绿色信贷最佳授信策略对银行经济绩效和企业经济绩效的影响。

为了更清楚地展现企业投资生态创新的内生动力不足，设定投资生态创新取得的单位资本收益率变化低于投资其他活动的单位资本收益率增加，即 $\varepsilon=0.8$，$J=0.5$。其他的相关参数设定为：$\rho_{ina}=20$，$\rho_{fia}=10$，$\tau=0.8$，$\eta_{fia}=0.4$，$\eta_{ina}=0.6$，$K=500$，$V_{\theta}=10$。企业托宾 q 值的取值范围为［0.6

1.5]，d 的取值范围为 [0 0.1]。

（1）最佳授信策略对银行经济绩效的影响。图 5-9 表现了最佳授信决策对银行经济绩效的影响。图 5-9（1）-（3）中的银行的环境偏好 $\alpha=0.1$，企业的环境偏好 β 分别取值为 0.1、0.3 和 0.6。图 5-9（4）-（6）中的银行的环境偏好 $\alpha=0.3$，企业的环境偏好 β 分别取值为 0.1、0.3 和 0.6。图 5-9（7）-（9）中的银行的环境偏好 $\alpha=0.6$，企业的环境偏好 β 分别取值为 0.1、0.3 和 0.6。图 5-9 中 R_o 为传统信贷环境下银行的经济绩效，R_g 为绿色信贷环境下银行的经济绩效。最佳授信策略对银行经济绩效的影响如图 5-9 所示。

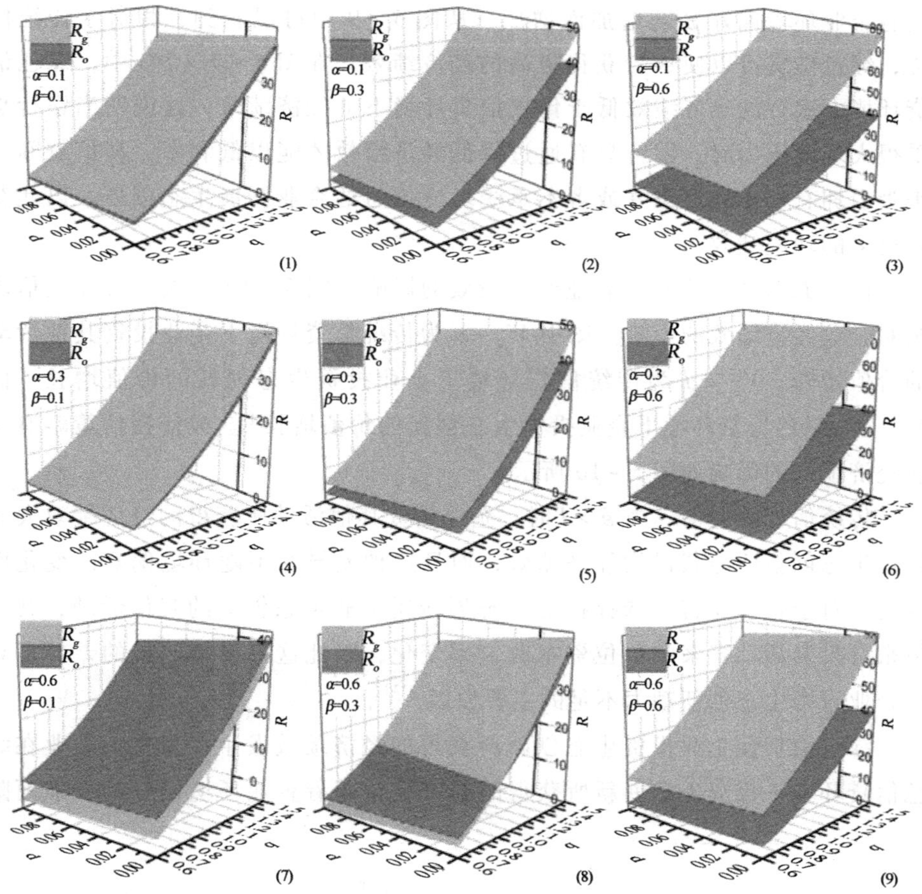

图 5-9　最佳授信策略对银行经济绩效的影响

从图 5 -9 中可以看到，不管是传统信贷还是绿色信贷，银行的经济绩效都随着企业托宾 q 值的增加而增加，随着企业信用风险 d 值的增加而降低。这个结果从银行的角度验证了 Andrei 等[236]的研究结论，即企业的托宾 q 值对投资决策发挥着重要作用。由于资产配置决策和资产市场的波动性，银行业金融机构更偏向于将其资本配置过程建立在股东价值概念的基础上[254]，因此在确定信贷额度和信贷利率时，银行业金融机构往往会在利润与风险之间建立权衡。从图 5 -9 中可以看到，当 $q>1$ 时，银行的经济效益上升幅度明显，说明托宾 q 值不仅对企业的权益资金投资具有核心作用[255]，而且对银行信贷同样具有重要的参考价值。

在绿色信贷环境下，银行的经济绩效随着银行环境偏好 α 的增加而降低，随着企业环境偏好 β 的增加而增加。从图 5 -9 中可以看到，相对于传统信贷，绿色信贷可以使银行获得更高的经济绩效。在图 5 -9（7）中，绿色信贷环境下银行的经济绩效低于传统信贷环境下的经济绩效，这说明当银行承受很大环境压力时，银行只有通过降低经济绩效才能以低利率、高信贷额度来吸引拥有很小环境偏好或者不承受环境压力的企业开展生态创新，以此获得更多的环境绩效。

（2）最佳授信策略对企业经济绩效的影响。图 5 -10 反映了最佳授信决策对企业经济绩效的影响。图中 $V'_o-\varepsilon$ 为传统信贷环境下企业投资其他活动的价值增长，V'_o-J 为传统信贷环境下企业投资生态创新的价值增长，而 V'_g-J 为绿色信贷环境下企业投资生态创新的价值增长①。最佳授信策略对企业经济绩效的影响如图 5 -10 所示。

传统信贷环境下，当 $\varepsilon>J$ 时，企业投资其他活动所获得的经济绩效大于投资生态创新所能获得的经济绩效，而且这种差异并不随环境偏好的变化而改变。对于企业而言，选择投资生态创新还是非生态创新的其他活动，其决策来自投资活动带来的单位资本收益率变化，因此这种投资回报的差异是导致企业投资生态创新动力不足的主要原因[233]。

绿色信贷使企业投资生态创新所获得的经济绩效发生了变化。企业在绿色信贷环境下投资生态创新所获得的经济绩效随着企业环境偏好的增加而降

① 根据模型 F.5 可知，企业投资前的最初价值为 $V_0=\frac{1}{\tau}\left[\theta K+\lambda(\mu-\theta)V_\theta-(\delta_{ina}K_{ina}+\delta_{fia}K_{fia})V_K+\frac{1}{2}\sigma_\theta^2V_{\theta,\theta}\right]$，因此为减少参数设置，图 5 -9 中的因变量设定为价值增长，即 $\Delta V=V-V_0$。

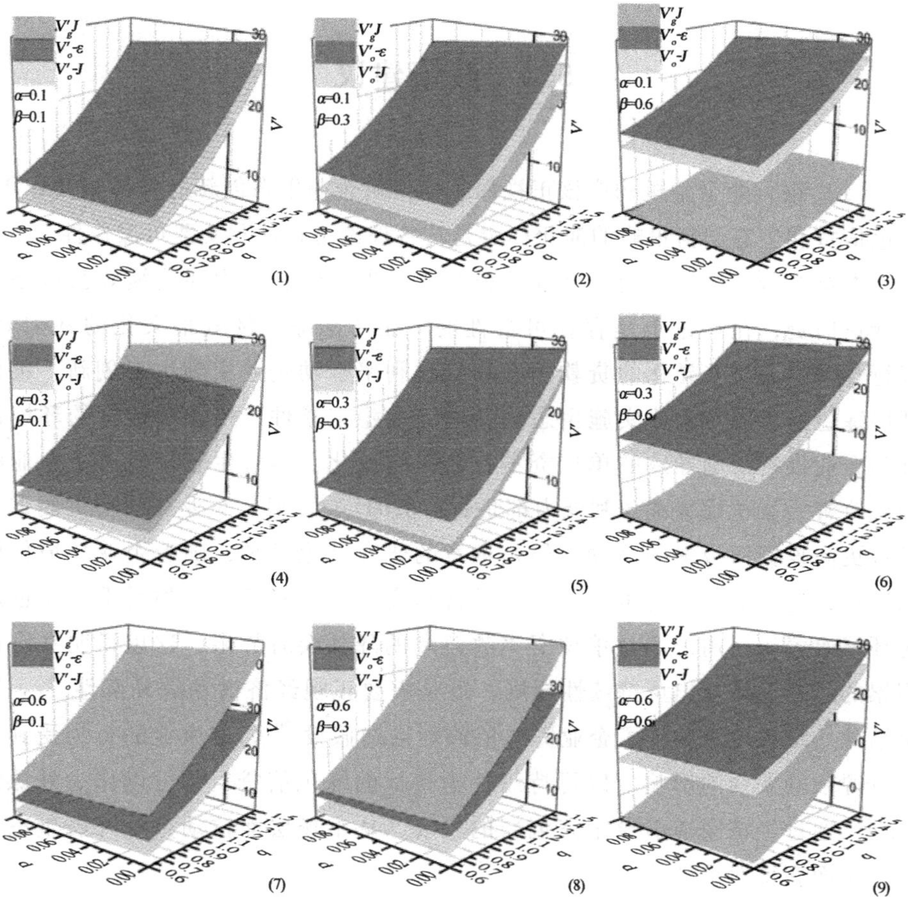

图 5－10　最佳授信策略对企业经济绩效的影响

低，随着银行环境偏好的增加而增加。当企业的环境偏好较小，或者说承受较小的环境压力时，银行可以通过提升环境偏好以促进企业经济绩效的提升，如图 5－10（1）、（4）、（7）所示。这说明银行可以通过信贷业务的调整来推动企业开展生态创新。当企业的环境偏好较大，或者说承受更大的环境压力时，企业投资生态创新的经济绩效明显下滑，如图 5－10（3）、（6）、（9）所示，但是该情况下，企业所能获得的综合效用大于投资其他活动，即企业能够获得更多的环境绩效。这说明，承受更大环境压力的企业愿意用经济绩效的降低换取更多的环境绩效。因此，相对于传统信贷，绿色信贷可以通过市场化的手段激励企业开展生态创新以获得环境绩效。

5.4 政策建议

（1）银行业金融机构应该正视绿色信贷对企业生态创新的外部驱动作用，绿色信贷和生态创新策略的演化稳定是具备理论可行性和实践可操作性。

本章的研究结果表明，以推动企业开展生态创新作为环境绩效获取路径的绿色信贷，在理论上是存在可行性的。在考虑综合绩效最大化的基础上，银行是可以通过差异化的贷款额度和贷款利率推动企业实施生态创新。银行开展绿色信贷以及企业实施生态创新的演化稳定条件，依赖于银行的环境偏好和企业投资活动导致的单位资本收益率的变化。尽管生态创新对于企业的环境改善、竞争优势和盈利能力都是有价值的[177]，但是企业往往会更侧重于投资更高投资回报率的活动。但是本章的研究结论发现，随着企业环境偏好的增长，企业对单位资本收益率的重视程度会逐渐降低，更加看重生态创新对环境改善的作用。但是单位资本收益率的降低会有界限，这也说明在价值积累的过程里体现出可持续性原则，还是需要正视经济活动的外部性[36]。这个结论一定程度上验证了企业资源依赖理论的假设[70]，即企业的行为受到外部资源依赖关系的影响。以可持续性为特征的绿色信贷，是可以作为外源性驱动，通过经济渠道引导生态创新的发展，从市场层面拉动企业开展生态创新，从而获得双重外部性。

（2）银行在开展绿色信贷业务时，可以根据企业环境偏好和资产投资比设置差异性贷款利率和授信额度，以扩张性货币政策激励企业开展生态创新。

本章的研究结果显示，面向企业生态创新的绿色信贷的最佳授信额度大于传统信贷，增加的幅度与银行和企业两方的环境偏好正相关。贷款利率方面，当企业的环境偏好大于银行的环境偏好时，面向企业生态创新的绿色信贷的贷款利率应大于传统信贷，而当银行的环境偏好大于企业的环境偏好时，面向企业生态创新的绿色信贷的贷款利率应小于传统信贷。这个结论与 Yang 等[256]的观点不同，面向企业生态创新的绿色信贷本质是一种扩张性货币政策，而不是一种类似低息或软贷款的财政政策。有学者认为扩张性货币政策意味着较高的利率水平，因为低利率环境会导致银行利润率和信息不对称的下降[257]，但是如果企业环境偏好较低或几乎不承受环境压力时，银行只有在提高信贷额度的同时降低利率，才能够使企业利用绿色信贷资金实施生态创新获得更高的收益。而且当企业环境偏好提升时，面向企业生态创新的绿色信贷的贷款利率也会随之上升。

另外，本章的研究结果显示，当不考虑环境偏好时，企业实施生态创新的无形资产和固定资产投资比，等于其固定资产投资的调整成本系数与无形资产投资的调整成本系数之比。这个结论与 Peters 等[221]一致。但是随着企业环境偏好的增长，无形资产和固定资产投资比会随着无形资产与固定资产环境效费比率的比值而正向变化。这说明企业应该根据企业的生产结构特点和不同资产的环境效费比率来决定生态创新的类型和方向。这个结论从理论上反映出环境偏好和环境效费比率对企业生态创新类型选择存在影响，对于现有的生态创新理论而言是一个新的突破，对指导企业实施生态创新具有重要的实践意义。

银行业金融机构自身并不对环境产生影响，其获取环境效益的路径来自外部领域。企业的融资行为直接决定着信贷目的和性质的最终实现，因此信贷资金是否能够获得绿色属性还是需要依据企业的融资行为。有别于追求投资回报率最大化的其他融资活动，生态创新可以在整个生命周期内降低环境风险、污染和资源使用的负面影响，但是财务约束是阻碍企业实施生态创新一个主要原因，而银行可以为企业提供所需的资金资源，是企业开展业务活动的关键推动者，因此通过市场手段驱动的绿色信贷比行政手段驱动更有可持续性。

5.5　本章小结

本章利用演化博弈分析探讨了面向企业环境绩效的绿色信贷授信策略。面向企业环境绩效的绿色信贷是一种扩张性的货币政策，而银行的环境偏好是其存在的基础。相比于传统信贷，面向企业环境绩效的绿色信贷需要扩大授信额度。贷款利率方面则存在着不确定性，当企业的环境偏好大于银行的环境偏好时，面向企业生态创新的绿色信贷的贷款利率应大于传统信贷，而当银行的环境偏好大于企业的环境偏好时，面向企业环境绩效的绿色信贷的贷款利率应小于传统信贷。企业在利用绿色信贷资金实施生态创新时，可以根据无形资产和固定资产的环境效费比率来决定其投资比，以此选择合适有效的生态创新类型。

第6章

面向企业环境绩效的绿色信贷授信模式研究

前述章节从理论框架、授信机理、授信政策、授信策略等方面对面向企业环境绩效的绿色信贷授信机制进行了探讨。本章针对绿色信贷授信机制的外部模式可持续问题，从外部视角探讨授信模式对面向企业环境绩效的绿色信贷授信机制的影响，以期为绿色信贷授信机制的可持续提供授信模式保障。

6.1 引言

现有文献已经开始关注到绿色信贷可持续发展的外部保障因素。例如，周杰普[258]提出构建更为完善的绿色信贷法律体系，在机制层面优化信息披露和信息共享，在法律层面强化商业银行的环境法律责任；刘雁翎等[259]提出大数据互联网绿色信贷制度；曾煜等[85]提出构建财税激励和法律激励相结合的绿色信贷激励制度，以国家财政给予补贴和立法保障等途径维持绿色信贷的有效供给。但这些文献都是从外部政策环境视角出发对绿色信贷制度的有益补充，缺乏从授信模式角度出发对授信机制的深入研究。另外，国内外文献对绿色信贷的制度设计还是侧重于以传统政策杠杆确保信贷总量或其部门分配是社会最优[260]，较少有文献涉及对绿色信贷环境绩效的制度考虑，单纯以产业政策为环境绩效保证的制度难以支持绿色信贷授信机制的可持续性。

作为抵押担保模式的替代，信用担保模式一直受到学术界的广泛研究兴趣。Beck 等[261]讨论了不同信用担保的组织特征及其在发达国家和发展中国家的变化，认为政府在融资和管理方面可以发挥重要作用，但在风险评估方面的作用有限。信用担保对银行的监管激励机制是一种挑战，会减少银行从企业获得的国家补贴[262]。金融自由化后，企业对信贷有强烈需求。虽然 Cowan 等[263]认为信用担保影响着企业偿还贷款的动机，拖欠贷款的可能性以及违约率高于抵押担保。放松信贷管制会导致宏观经济波动性上升，债务与企业活动之间的关联增强，并随着约束力丧失程度的提高，会出现反向变化[264]。但信用担保可以有效帮助企业获得融资，尤其可以作为对发达经济体信贷紧缩的回应[265]，而且可以减轻贷款项目的融资障碍，使信贷受限企业提高借贷能力，降低信贷费用，还可以缓解信贷配给约束，其可得性的变化影响着企业的投资和生产率[266]。

目前绿色信贷授信模式对企业环境风险评估标准、寻求第三方风险分担的描述模糊，也缺乏细致可行的实施措施。除此之外，银行业金融机构具有追逐利润的本质特性，在绿色信贷授信过程里，借助利率管制、利差锁定、政府补贴等政策红利和需求旺盛的金融环境获得稳定的经济绩效，但依旧着重于还贷期限和利润率的指标考核，对绿色信贷所产生的环境绩效只是通过贷前审核时以企业提交的项目报告或环评报告来测算，缺乏贷后的环境监测和评估。

本章采用嵌入式案例研究法探讨了抵押担保模式和信用担保模式对绿色信贷授信机制的差异性影响，并由此提出了绿色信贷授信模式的政策建议。本章的贡献在于，一方面通过案例进一步验证了以企业生态创新作为资金投向，以环境绩效作为主要授信目标的绿色信贷授信机制，另一方面针对案例发现的授信模式差异性影响给予了理论解释，提出的四位一体绿色信贷授信模式可以从外部保障面向企业环境绩效的绿色信贷授信机制有效运行。

6.2　研究设计

由于绿色信贷授信模式和授信机制之间具有关联性，本章以抵押担保和信用担保等不同授信模式对绿色信贷授信机制的差异性影响为主要研究内容，试图回答以下研究问题：什么样的授信模式可以保障面向企业环境绩效的绿色信贷授信机制有效运行？考虑到该问题是对因果关系的理论逻辑解释，因此采用嵌入式案例进行探索性研究。嵌入式案例研究框架如图 6 - 1 所示。

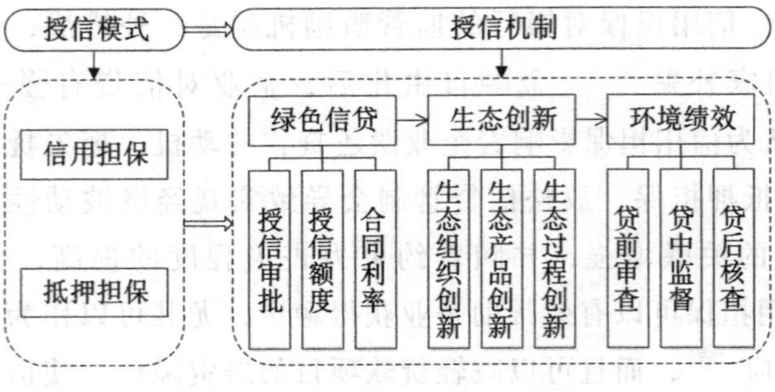

图 6-1 嵌入式案例研究框架

6.2.1 案例选择

理论涵盖的总体是由案例研究所选择的样本和未研究的案例样本组成，而一个案例样本由若干在离散时间点被观察到的单元组成[267]，因此案例选择对案例研究所构建的理论有效性至关重要。

考虑到信用担保和抵押担保等不同的授信模式涉及银行、企业和担保机构等不同的经济主体，而银行在授信审批和信贷资金投向方面占据决定性的主导地位，另外，交叉案例分析可以为分析概括提供良好的基础，同时也可以给案例研究提供清晰的外部效度[268]，因此本章选择南京银行的16个授信样本，通过交叉对比探索授信模式对绿色信贷授信机制的影响，以期为面向企业环境绩效的绿色信贷授信机制提供外部授信模式保障。

选择南京银行作为研究对象的原因，在于案例典型性和数据可得性。①案例典型性。第一个方面，南京银行在2018年中国银行业协会评选的“中国银行业100强”榜单上位列第22位，其经营规模、盈利能力、运营效率及资产质量在现阶段中国银行业里具有代表性。第二个方面，南京银行是国内最早正式成立绿色金融部并开展绿色信贷业务的金融机构之一，推出的收益权质押、排污权质押、合同能源管理、光伏贷等特色信贷产品，全方位创新了绿色金融产品体系。绿色信贷余额从2016年的近100亿元，增长至2019年的447.54亿元，年均增长幅度超过115%，绿色信贷成果显著。第三个方面，南京银行在开展绿色信贷业务时存在的模糊性授信对象具有代表性，例如2016年的授信对象为循环经济发展、水环境治理、节能环保、城镇污水垃圾处理等领域的项目和企业，2017年为光伏项目、排污权质押和碳配额质押贷款，2018年为环保类企业和项目，2019年为固废贷和节水贷。②数据可得性。南京银行公司金融部和授信审批部的相关人员为本章的研究工作提供了详实的资料和充足的便利，并多次参与半结构化访谈，确保了案例样本的真实性和有效性。

6.2.2　数据收集

本案例研究的数据包含一手数据和二手数据，其中，一手数据来自半结构化访谈，二手数据来自年度报告、社会责任报告和内部资料。

整个数据收集过程从2019年10月至2020年9月，分为四阶段进行。第一阶段是与南京银行公司金融部门人员进行半结构化访谈，通过抽样确定案例样本。抽样原则是集中在制造型企业，并在不同授信模式下尽量选择生产类型和贷款用途相近的授信企业，以确保案例样本的可比性。最终从所属行业、贷款类型、授信模式和授信结果四个方面筛选出具有代表性的16个案例样本。案例样本信息如表6-1所示。

表6-1　案例样本信息

企业代号	所属行业	信用评级	注册资金（万元）	贷款类型	授信模式	结果
A企业	绿色行业	BBB+	10080	固定资产贷款	抵押担保	批准
B企业	绿色行业	BB+	15000	固定资产贷款	抵押担保	未批
C企业	绿色行业	BBB	5000	流动资金贷款	抵押担保	批准
D企业	绿色行业	BB+	10000	流动资金贷款	抵押担保	未批
E企业	化工行业	BBB+	20000	固定资产贷款	抵押担保	批准
F企业	化工行业	BB-	26000	固定资产贷款	抵押担保	未批
G企业	化工行业	BBB+	5000	流动资金贷款	抵押担保	批准
H企业	化工行业	BBB	7000	流动资金贷款	抵押担保	未批
I企业	绿色行业	BBB+	6800	固定资产贷款	信用担保	批准
J企业	绿色行业	BBB	8000	固定资产贷款	信用担保	未批
K企业	绿色行业	BB	800	流动资金贷款	信用担保	批准
L企业	绿色行业	BBB	1000	流动资金贷款	信用担保	未批
M企业	化工行业	BBB+	5000	固定资产贷款	信用担保	批准
N企业	化工行业	BBB	20000	固定资产贷款	信用担保	未批
O企业	化工行业	BBB	3000	流动资金贷款	信用担保	批准
P企业	化工行业	BBB+	6000	流动资金贷款	信用担保	未批

第二阶段是与南京银行授信审批部门人员进行针对性的深度访谈，针对案例样本的审批差异，了解授信模式对绿色信贷授信机制的影响因素。第三阶段是与案例样本所涉及的企业和担保机构进行面对面访谈和电话访谈，对案例样本数据进行三角验证，确保信息资料的真实性，提高案例研究的建构效度。第四阶段是通过网络收集年度报告和社会责任报告，实现数据资料的验证和补充。

6.2.3 数据分析

遵循 Miles 等[269]的主题归纳分析方法，按照 Gioia 等[270]的数据编码结构，针对案例样本的定性数据进行抽象的理论归纳，以此实现嵌入式案例的理论解释。

由于本章的研究内容在于探讨授信模式对绿色信贷授信机制的影响，目的在于从授信模式角度为面向企业环境绩效的绿色信贷授信机制提供保障措施。因此首先明确了授信模式和授信机制两个理论维度，并在前述章节研究的基础上，从授信模式引申出信用担保和抵押担保两个二阶主题，从授信机制引申出绿色信贷、生态创新和环境绩效三个二阶主题。最后，围绕二阶主题的理论内涵，通过对案例样本数据的编码进行整合，确定出 14 个一阶构念。数据结构如图 6-2 所示。

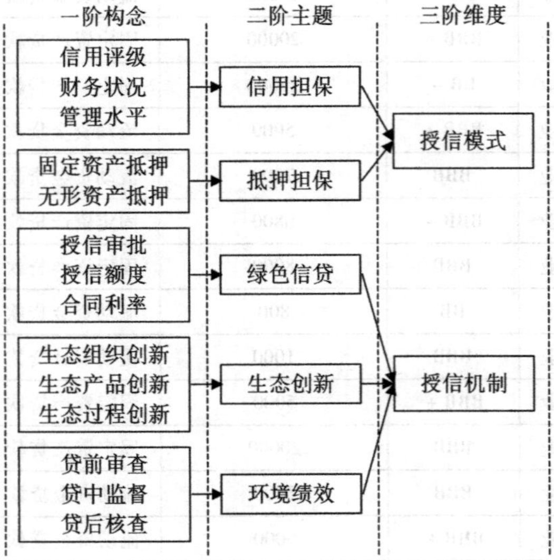

图 6-2 数据结构

6.3　案例研究与发现

基于案例样本的数据分析，明确了信用担保和抵押担保对绿色信贷、生态创新和环境绩效的差异性影响，在理论归纳的基础上提出了相应的命题。

6.3.1　授信模式对绿色信贷的影响

1. 授信模式对授信审批的影响

南京银行根据授信风险程度会要求借款人提供抵押物或保证人担保作为风险缓释。在抵押担保模式里，南京银行指定专业中介评估机构对抵押品进行评估，所接受的抵押品主要包括有价单证、债券、股权、房产、土地使用权、机器设备、交通工具等。在业务审查过程中，以专业中介评估机构出具的评估报告作为决策参考，由总行授权审批机构对评估结果进行认定，并最终确定信贷业务的抵押率。而在信用担保模式里，依据与主借款人相同的程序和标准，对保证人的财务状况、信用记录和履行义务的能力进行评估。

南京银行的公司类贷款余额逐年增加，从2011年的805.74亿元，增长至2019年的3611.13亿元，年均增幅达到21.13%。从担保模式来看，抵押贷款从2011年的386.51亿元，增长至2019年的1889.74亿元，年均增幅达到22.41%，而以保证贷款为主的第三方信用贷款从2011年的488.75亿元，增长至2019年的2995.78，年均增幅达到25.87%。从2011年抵押贷款37.60%的占比，保证贷款47.54%的占比，到2019年抵押贷款33.22%的占比，保证贷款52.66%的占比，抵押贷款的年均占比为37.56%，保证贷款的年均占比为48.52%。

尽管随着贷款总体规模的增加，抵押担保和信用担保的贷款余额都有显著提升，而且信用担保的贷款占比及增速都超过抵押担保，但在授信审批环节，抵押担保的授信审批通过率为70%左右，而信用担保的授信审批通过率只有30%左右，因此，得到以下命题：

命题6.1：相较于抵押担保模式，信用担保模式的信贷风险更高，授信审批的难度更大，但是信用担保模式可以有效解决企业的融资困难。

2. 授信模式对授信规模及合同利率的影响

表6－2列出了8个得到授信的案例样本的合同利率和授信规模。通过数据分析发现，授信规模和合同利率存在企业规模的差异，即有大中企业和中小企业之分。中小企业的合同利率大都在4%以下，而大中企业根据不同的项目及贷款金额报价，一般都高于基准4.35%。不同授信模式下的合同利率和授信规模如表6－2所示。

表6－2 不同授信模式下的合同利率和授信规模

	合同利率（%）			授信规模（万元）			
	3.6－4.0	4.0－4.5	4.5－5.0	50－200	0－1000	1000－2000	2000－
抵押担保	A	C、E、G			G	C	A、E
信用担保	M	K、O	I	O	K	I	M

企业的信用评级、财务状况以及行业和企业质态，是确定合同利率和授信规模的最主要因素。通常情况下，信用评级越高、财务状况越好、行业和企业质态越好的企业可获得的授信规模越高，而合同利率和授信规模呈现反比态势。

在案例调查过程中发现，相对而言，在其他条件相似的情况下，抵押担保的合同利率会稍低于信用担保，而在授信规模方面两种授信模式没有显著差异。因此，得到以下命题：

命题6.2：相较于抵押担保模式，信用担保模式的合同利率更高，而且抵押担保模式和信用担保模式在授信规模方面没有显著差异，但授信规模的扩大可以促进信用担保模式的推广。

6.3.2 授信模式对生态创新的影响

由于面向企业环境绩效的绿色信贷授信机制，是以生态创新作为中介，通过将信贷资金用于生态创新而获得环境绩效，因此，从授信模式的角度保障授信机制的有效运行，最关键的问题在于授信模式对资金投向的引导机制。

考虑到企业主要以流动资金贷款和固定资产贷款等两种贷款类型向银行申请贷款，流动资金贷款的资金主要用于保证生产经营活动的正常进行，而固定资产贷款的资金主要用于基本建设和技术改造，因此，从流动资金贷款方面探讨授信模式对生态组织创新和生态产品创新的影响，从固定资产贷款方面探讨授信模式对生态过程创新的影响。

1. 授信模式对生态组织创新和生态产品创新的影响

在流动资金贷款的资金用途里，最常见的是支付货款和工程垫资款。企业需要提交企业章程、验资证明、董事会决议等相关文件之外，还需要提交与借款用途相关的购销合同、协议、订单等交易证明材料。虽然以支付货款和工程垫资款为主的贷款资金很少流入企业账户，但不管是抵押模式还是信用担保模式，都有证据显示其对企业的生态组织创新和生态产品创新产生影响。

在抵押担保模式下，C 企业在供应商发货后将货物质押给南京银行，购货商向南京银行缴纳提货保证金或偿还融资款后提货，供应商对购货商未提货部分商品进行回购。对于 C 企业而言，可以提高销售预测性，合理安排生产节奏，提高资金使用效率并稳定销售渠道，有利于以精简业务流程为特征的生态组织创新。G 企业以其多笔应收账款作质押担保向南京银行申请授信，南京银行为其确定应收账款池融资金额，积少成多、随存随取。对于 G 企业而言，为供应链的下游企业提供更有竞争力的远期付款条件，提高资金使用效率，降低因账期引发的财务压力，同时也稳定了上游供应渠道，节省额外成本，有利于以构造绿色供应链为特征的生态组织创新。

在信用担保模式下，K 企业收到国内优质购货商的有效订单后，向南京银行申请资金融通，用于订单项下原材料及商品的采购、加工、生产、储运及劳务支出，并以订单项下销售回笼款作为主要还款来源。对于 K 企业而言，可以有效降低库存成本，提高企业物流速度和库存周转率，增强企业产销能力，巩固供应链的上下游关系，有利于以实现先进生产模式为特征的生态组织创新。

尽管银行在审批流动资金贷款时，主要根据安全性、流动性和盈利性的贷款方针，以支付货款和工程垫资款的方式授信流动资金贷款，在一定程度上可以帮助企业开展生态组织创新，但流动资金贷款作为一种高效实用的融资手段，具有手续简便、周转性较强、融资成本较低的特点，企业利用流动资金贷款自主开展生态组织创新和生态产品创新是可行且有效的。O 企业提出借款申请时的资金用途是用于支持其生产经营，但在实际运作过程里，一部分资金被用于绿色产品研发。对 O 企业而言，银行很难为技术研发批准贷款，但绿色产品研发有利于提升企业的市场竞争力，是企业开拓绿色市场的重要手段。

抵押担保模式下存在银行和企业两方经济主体，而信用担保模式下存在银行、第三方担保机构和企业三方经济主体。尽管银行在尽职调查里会考虑企业的管理水平和发展战略，但由于知识资源和人力资源的欠缺，很难从企业管理的角度对企业利用信贷资金进行生态创新的方式及途径进行评价，而第三方担保机构可以弥补这个问题。虽然信用评级、资产负债、盈利状况等经济指标依旧是第三方担保机构首要考虑的方面，但相比银行，第三方担保机构对企业的认识和了解更为全面具体，从管理专业的角度对企业进行评价和指导在理论上是具备可行性的。因此，得到以下命题：

命题6.3：相较于抵押担保模式，信用担保模式可以在流动资金贷款中，更为有效地引导企业开展生态组织创新和生态产品创新。

2. 授信模式对生态过程创新的影响

固定资产贷款是银行对企业的固定资产投资发放的贷款，包括以扩大生产能力或工程效益为主要目的的新扩建工程项目贷款，以及对原有设施进行固定资产更新或技术改造等相应配套项目的贷款。

A企业所处行业为太阳能光伏行业，核心业务为光伏组件，主要居于产业链中游。为谋求市场扩张和产业延伸、实现公司战略升级的发展目标，以房产及土地使用权为抵押，利用固定资产贷款进行基础设施购建，增大产能。而E企业作为化工生产企业，在生产过程中以焦炭、二氧化碳和氧气为原料，采用焦炭造气装置进行一氧化碳的生产，但设备供气能力小，总碳利用率低，成本及能耗都很高。随着国家对环保和能耗要求的提高，已经成为该企业打造循环经济产业链的短板。因此以房产及土地使用权为抵押，利用固定资产贷款新增一台国际上先进的四喷嘴水煤浆气化炉以及配套的辅助生产设备，替换旧有制气装置。采用的四喷嘴水煤浆加压气化技术，使原料煤利用率提高，并且净化装置采用了一系列先进工艺技术，降低单位产品能耗，是典型的以设备更新为特征的生态过程创新。

抵押担保模式下，由于有抵押物作为贷款担保，有效降低了信贷风险，因此银行在固定资产贷款里对绿色行业的贷款申请较为宽松，另外，由于产业政策的影响，对两高一剩行业的贷款申请非常谨慎，以新建扩建为主的固定资产贷款几乎不易获得批准。在信用担保模式下，由于存在连带保证责任，第三方担保机构同样会考虑资金投向对环境的影响，因此企业将资金用于生态创新的可能性相应会增加。

例如在信用担保模式下，节能环保I企业将信贷资金用于某钢铁项目的蓄热式钢包烘烤改造，提高了钢铁项目的能源效率，产生了较好的节能减排效应，属于典型的以技术改造为特征的生态过程创新。处于化工行业的 M 企业，尽管主要污染物稳定达标排放，近三年内未发生环境违法事件，但依旧严格执行环境影响评价制度，积极开展环境保护工作。利用信贷资金购建雨污分流、清污分流排水系统和废气收集、除尘处理系统，使各类污染物的排放值进一步降低，属于典型的以末端治理为特征的生态过程创新。因此，得到以下命题：

命题 6.4：相较于抵押担保模式，信用担保模式可以在固定资产贷款中，更为有效地引导企业开展生态过程创新。

3. 授信模式对生态创新的引导机制差异

绿色信贷授信机制可持续性的关键在于企业将信贷资金投向生态创新活动，通过命题 6.3 和命题 6.4 可知，不同授信模式对生态创新存在异质性影响，其原因在于不同授信模式在信贷资金投向的引导机制方面具有差异，授信模式的差异性对比如图 6－3 所示。

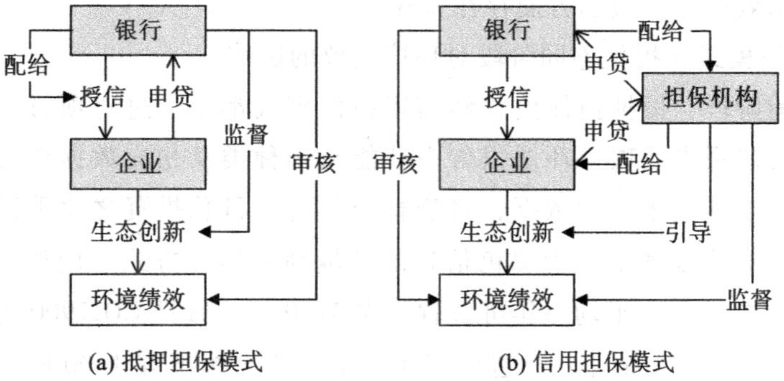

图 6－3　授信模式的差异性对比

抵押担保模式下，以降低环境污染或进行环境改善的资金投向是银行根据授信政策进行绿色信贷授信审批时潜在的信贷配给条件。企业由于缺乏对绿色信贷宗旨以及生态创新作用的明确认识，因而在资金投向上并没有对生态创新展现出积极倾向，即企业开展生态创新内生动力不足的外在表现。如图 6－3（a）所示，潜在的配给条件蕴含在银行的授信审批环节，银行在企业的资金投向上只具有授信之后的监督作用，引导作用表现不足，而且鉴于银行业务繁多及人力资源受限的原因，对企业资金投向的监督作用也往往流于形式。

信用担保模式下，银行将绿色信贷所需的资金投向要求以信贷配给条件的形式传递给担保机构，担保机构继而将配给条件传递给需要申请贷款的企业。该模式把抵押担保模式下配给条件的潜在属性公开化，为引导企业的资金投向提供了明确的方向，如图 6－3（b）所示。目前我国商业性担保机构承担了绝大比例的担保责任，收益和风险的不对等压力迫使担保机构需要投入更多的精力用于贷款过程管理，而且以资金投向为核心的信贷配给条件给担保机构的担保项目设置了超出经济因素之外的底线和标准，这些因素都驱动着担保机构发挥对企业生态创新的引导作用。因此，得到以下命题：

命题 6.5：相较于抵押担保模式，信用担保模式可以在固定资产贷款中，更为有效地引导企业开展生态过程创新。

6.3.3 授信模式对环境绩效的影响

环境绩效是绿色信贷的核心目标，是信贷资金绿色属性的体现。不同的授信模式在绿色信贷授信过程的不同阶段对环境绩效没有产生显著性影响，但在环境绩效的监督机制方面存在差异。

1. 授信模式在授信不同阶段对环境绩效的影响

在贷前阶段，抵押担保模式和信用担保模式都是通过对项目立项批复文件、项目可研报告或项目环评报告中节能减排种类及相应数据作为测算贷款支持项目年节能减排量的依据，将贷款余额占项目总投资之比乘以项目建成后可能的年节能减排量作为绿色信贷的环境绩效测算方式。例如，在抵押担保模式下的 E 企业，平均一年可节省用煤 3100 吨，减排 $CO_2$7900 吨，以及在信用担保模式下的 I 企业，改造后每年节能量折合标准煤 1100 吨，都是在贷前审查里根据可研报告的预计节能减排量进行的事前预估。由于在贷前阶段，不同的授信模式对环境绩效估算方法具有一致性，因此并没有证据显示其对环境绩效具有差异性影响。

在贷中和贷后阶段，同样没有证据显示抵押担保模式和信用担保模式对环境绩效具有差异性影响。由于目前绿色信贷统计信息披露制度的不完善，在案例调研过程里，不管是抵押担保模式还是信用担保模式，都没有发现存在对环境绩效具有影响的证据。因此，得到以下命题：

命题 6.6：相较于抵押担保模式，信用担保模式在贷前、贷中和贷后等不同阶段对环境绩效的影响都没有显著差异。

2. 授信模式对环境绩效的监督机制差异

虽然不同的授信模式并没有呈现出对环境绩效的显著影响，但在环境绩效的监督机制方面表现出差异性。在抵押担保模式下，D企业由于无排污许可证被拒绝授信，F企业由于可研报告不符合要求被拒绝授信，B企业和H企业都是由于行业许可证不全而被拒绝授信。在信用担保模式下，J企业、L企业、N企业和P企业被拒绝授信的理由分别是无政府批文、对外担保过高、未能提供专项发票，以及负债过高。虽然信用担保模式下依旧有企业因为环境因素而被拒绝授信，但是相对而言，抵押担保模式下因为环境因素被拒绝授信的企业数量更多、比例更大。其原因如图6-3所示，由于绿色信贷配给条件是通过担保机构传递给企业，担保机构在贷前审查阶段就从环境方面进行了一次把关，因此相比抵押担保模式，信用担保模式在贷前审查阶段对环境绩效的监督更为严格。

在贷中和贷后阶段，抵押担保模式和信用担保模式的差异更为明显。目前银行方面还没有建立完善的贷中贷后环境绩效监督机制，因此在抵押担保模式下，银行对环境绩效的监督还没有切实开展，对环境绩效的审核也只是将企业提交的相关报告作为备案，在一定程度上缺乏真实性和可靠性。而信用担保模式下，担保机构和银行分别承担对环境绩效的监督和审核职能，一方面有利于担保机构和银行的各司其职，另一方面也有利于保障环境绩效数据的真实性和可靠性。考虑到信用担保模式下，担保机构可以承担更多的环境绩效监管责任，通过对贷前和贷后的环境检测报告进行对比，确保信贷资金所获得的环境绩效真实性，因此，得到以下命题：

命题6.7：相较于抵押担保模式，信用担保模式可以在贷前、贷中和贷后等不同阶段对信贷资金投向进行更为有效的监督和核查，切实保障环境绩效的实现。

6.4　政策建议

（1）构建四位一体的绿色信贷信用担保模式，确保授信机制的有效运行。四位一体的绿色信贷信用担保模式，以减轻企业融资束缚、激励企业开展生态创新为宗旨，将银行、企业、第三方担保机构和第三方环评机构组成有机整体，第三方担保机构为融资企业提供信用担保以保障经济绩效，第三方环评机构在信贷前后进行环境检测以保障环境绩效，以期实现经济绩效和环境绩效的协同。四位一体的绿色信贷授信模式如图6-4所示。

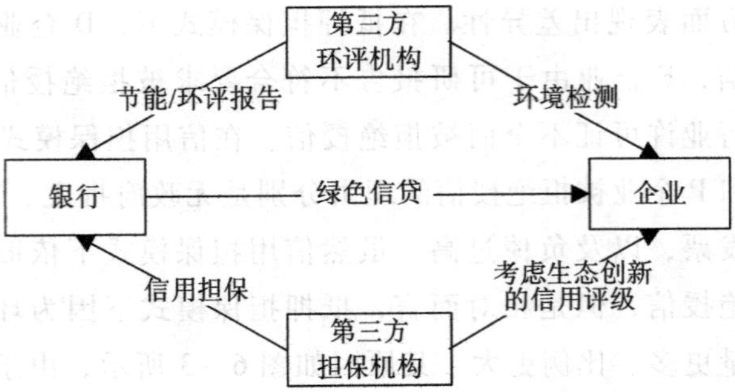

图 6-4　四位一体的绿色信贷授信模式

企业的机会主义和自利特性是信贷担保风险的主要来源[260]，但与抵押贷款相比，信用担保在一定程度上具有优势。通过将贷款项目的前期审核和服务外包给以营利为目的的中介担保机构，可提高银行的业务效率。第三方担保机构为避免贷款损失，会为需要贷款的企业设置信誉门槛，并加强对企业绩效的审核，有助于提高企业的透明度。另外，信用担保可以降低抵押品要求，为一些低资产的企业增加获得融资的机会。银行对抵押贷款的偏好使借款人倾向于购买设施设备等便于信贷融资的固定资产，第三方担保则允许借款人在适当情况下选择资本密集型较低的投资方向[265]。

除此之外，面向企业环境绩效的绿色信贷采用信用担保模式，还有以下几个特点：

①绿色信贷的风险分担。信用缺失是信贷的主要风险之一，增加第三方信用担保是一种现阶段可行的解决方案[271]。由于信息差异，担保机构比银行更了解申请信贷的企业资信。担保机构相对于银行的信息优势可以降低信贷过程里的信息不对称，提高信贷的可获得性，降低融资借贷成本。

信贷市场上的抵押品登记、合同执行、司法程序和催收机制等方面还存在缺陷，限制了银行收回企业资产的能力。大多数企业的有限责任结构也阻碍了贷款人对所有者资产的追索权。旨在缓解企业融资约束的定向信贷项目和信贷补贴，由于目标不当、寻租和财政缺乏可持续性，也很难取得预期的成功。

世界上许多国家都将信用担保作为缓解企业融资约束的核心部分，通过重点关注特定行业和区域，以降低银行业金融机构的贷款风险。信用担保是一种风险转移和风险分散机制，将银行的部分风险转移给担保人承担，而担保人的投资组合较为分散，可以通过担保不同行业或地区的贷款来分散风险。

与直接补贴相比，信用担保的吸引力在于筛选、监察和征收可以由私营金融机构完成，这些机构在执行这些任务方面可能比担保提供者更有专业知识。间接干预中的管理任务授权比直接补贴有很大的优势，因为政府的直接补贴在大多数情况下没有达到预期的效果。

②有助于将生态创新纳入企业信用评级体系。信用评级是衡量企业违约风险概率的指标[272]，被广泛地应用于债务工具和证券。在信用担保模式下，担保机构根据企业的信用评级决定担保的贷款金额和期限。国际上主流的信用评级主要来自穆迪（Moody's）、标准普尔（Standard & Poor's）和惠誉（Fitch），其评级理念是在全球范围内的标准一致性。由于评级机构使用来自市场上的公开数据，而且评级方法几乎不会发生变化，因此导致信用评级的真实价值逐渐下降，并且评级机构可能为了自身利益而牺牲市场有效性[273]。另外相对于政府部门，由第三方担保机构进行信用风险评估，可以提高风险决策的质量，降低贷款损失[274]。同样，担保机构相比银行通常拥有更多关于企业的信息，并有更强的动机来回收贷款资源。

虽然银行在作出授信决定时会参考信用评级，但信用评级并不代表投资价值。信用评级不是决策建议，也不是资产价值的衡量标准。尽管现金流和杠杆水平确定了企业的财务风险状况，竞争优势、规模、范围、多样性和运营效率的优劣决定了企业在市场上的竞争力、收入和利润的波动性，进而决定了其业务风险组合的强度，但这些通用的信用评级指标没有纳入环境、社会和企业管理因素，很难体现出企业或项目所能产出的环境绩效和可持续发展能力。

由于企业生态创新和绿色信贷的目标一致性，将企业生态创新纳入企业的信用评级，是对财务报表型贷款、资产型贷款和信用评分型贷款等银行贷款技术的有益补充，是对现有绿色评级体系的丰富和拓展。以缓解企业融资束缚的外源性政策激励促进企业开展生态创新的主动性，对绿色信贷所追求的环境效益具有正向的溢出效应，对企业的可持续发展也有显著的推动作用[275]。另外，考虑企业生态创新的信用评级可以从企业内部管理角度为第三方担保机构和银行提供更透明的企业信息，降低信息不对称水平，并且更精细的信用评级也会带来更好的资本市场准入。

③有助于激励企业开展生态创新，保障面向企业环境绩效的绿色信贷授信机制运行。四位一体的绿色信贷授信模式对控制两高一剩企业的无序发展、防止可能对环境构成潜在威胁项目的盲目启动，具有良好的管制作用。虽然

从政策上引导信贷资金投入绿色产业，鼓励绿色产业的发展，以经济杠杆限制两高一剩企业，可以取得显著的环境绩效，但绿色信贷同样可以作为金融力量帮助传统行业发展绿色技术，通过生态创新实现产业升级，在振兴传统行业环境绩效的同时，也有利于创新驱动的经济增长。四位一体的绿色信贷信用担保授信模式，以信用担保降低现有绿色信贷的融资难度，以投资生态创新的准入条件约束企业融资行为，有利于激励企业的生态创新，保障绿色信贷的投资目标。

（2）构建贷前和贷后的环境检测对比制度，确保绿色信贷环境绩效的实现。绿色信贷统计制度要求银行业金融机构按照审慎性原则，对绿色信贷进行环境效益测算。目前绿色贷款所形成的环境效益的测算方式，是以项目建成后的年节能减排量乘以银行对项目的贷款余额在项目总投资中的占比。其节能减排量的数据取自申请绿色贷款时企业所提交的节能报告或环评报告，因此这种测算方式是一种静态的事前预估，缺乏对绿色信贷还款后项目实际运行情况的事后监测，其环境效益的真实值也缺乏客观测算。

不论企业申请绿色信贷是进行生态技术创新还是生态非技术创新，最终都需要在节能减排上取得显著效果。银行对企业环境风险识别、衡量和监管能力不足[72]，因此增加第三方环评机构在绿色信贷发放过程中的作用，在绿色信贷前后对申请绿色信贷的企业进行厂区的定点监测，可以更好地监测企业获得信贷融资后的环境行为，能够更精确地测算绿色信贷的环境绩效，也便于为不同环境绩效制定差异性的信贷利率和授信额度提供评定依据。

（3）构建第三方担保机构的多业务模式，确保授信模式的可持续发展。目前我国的信用担保体系建设中，主要是以牌照的形式下发给以营利为目的的商业性担保机构。商业性融资担保业务还不能获得很好的商业利润，有时甚至无法弥补风险保证金所占用的资金成本[276]，因此绝大多数担保公司虽然享受着政府给予的为缓解中小企业融资难的优惠政策，但由于信贷担保的收益较低，单一业务很难维持公司生存，因而变相地开展着非信贷担保业务。

拓展业务范围、增加新的盈利来源，可以减少担保机构的生存压力，有利于整个信贷担保市场的健康发展。多元化经营是信贷担保公司的必然发展方向。目前国内信贷担保机构从事的拆借、过桥贷款、信贷中介和各种投资等业务，主要还是从财务和金融的角度进行的资金运作，很少从企业科学管理和生态创新的层面对要申请信贷的企业进行指导和评价，其资金运作的业务虽然可以在一定环境下、一定时期内解决企业的资金流困境，但并不能从源头上帮助企业获得可持续发展。

信用担保的主要风险点，在于企业内部不完善的风险控制制度、不佳的盈利能力和较小的资本金规模等，而这些风险点的更深层次诱因在于企业不完善的管理制度和竞争力的缺乏。第三方担保机构开展以企业管理咨询、生态创新评级和信用担保为核心的多元化关联业务，可以帮助企业从内涵建设上提升管理水平、增强市场竞争力，进而根据企业诊断结果给予生态创新评级，在减少不对称信息的同时降低信用担保风险。第三方担保机构的业务模式如图 6－5 所示。

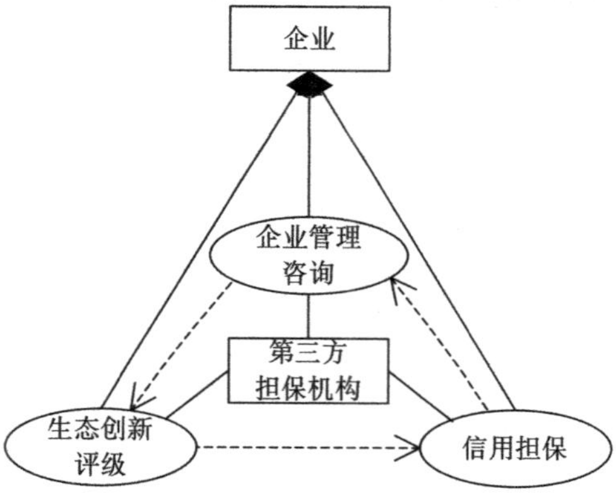

图 6－5　第三方担保机构的业务模式

6.5　本章小结

本章通过嵌入式案例研究法探讨了抵押担保模式和信用担保模式对绿色信贷授信机制的差异性影响，并提出了四位一体的绿色信贷授信模式，为面向企业环境绩效的绿色信贷授信机制提供了外部模式保障。

信用担保模式可以缓解企业融资约束，降低银行业金融机构的贷款风险，有效避免不够资信的企业通过形式上的达标获得贷款审批以及套取贷款资金进行高风险的投资行为。建立考虑企业生态创新的信用评级体系，通过评定企业生态创新程度，更清晰了解企业的管理水平、成长态势和环境绩效表现，有利于减少不对称信息，有效降低绿色信贷风险，并保障经济和环境的双元绩效。

加强第三方环评机构对绿色信贷环境绩效的测量和监控，在授信前后对项目的节能减排量进行对比，避免事前根据项目节能报告或环评报告估算环境效益的数据不真实性。而且，准确的环境绩效测算，有助于差异性浮动授信额度的落实，可以利用更大的授信额度激励企业获取更多的环境绩效。

第三方担保机构可以通过开展企业管理咨询、考虑生态创新的信用评级和信用担保等强关联性业务，丰富业务结构，扩大利润来源，增加对担保企业的信息掌握，减少企业债务违约而导致的担保风险。企业可以通过生态创新不断提升自身的管理水平、市场竞争能力和环境友好程度，以可验证的产出给予银行更多的经济和环境绩效，依靠内生稳定推动绿色信贷的可持续发展。

第7章

结论与展望

7.1 研究结论

绿色信贷是银行业金融机构承担环境责任的重要体现，是通过金融渠道改善环境问题的重要手段，但还存在理论不完善、授信对象模糊和实施效果具有争议等问题，这些问题的根源在于其授信机制的不清晰及缺乏可持续性。本书在金融中介、可持续发展和利益相关者等理论的基础上，针对绿色信贷授信机制的有效性和可持续问题，提出面向企业环境绩效的绿色信贷理论框架，并从授信机理、授信政策、授信策略和授信模式等方面研究面向企业环境绩效的绿色信贷授信机制，主要的研究结论如下：

（1）绿色属性是绿色信贷区别传统信贷的本质特征，由信贷资金投入企业活动所获得的环境绩效体现。根据授信目的的差异，绿色信贷可以分为面向行业的绿色信贷和面向企业环境绩效的绿色信贷。面向行业的绿色信贷的本质是产业政策和环保政策在信贷过程里的体现，而面向企业环境绩效的绿色信贷是将信贷资金用于能够降低环境负面影响的企业活动，从企业的结构升级上实现节能减排目标、获得环境绩效的信贷手段，核心目的是促进经济绩效和环境绩效的协调可持续发展。

（2）面向企业环境绩效的绿色信贷以生态创新为授信对象，通过“绿色信贷→生态创新→环境绩效”的路径实现可持续发展。实证结果显示，绿色信贷对环境绩效的直接效应在统计学上不显著，间接效应在1%水平上正向显著，属于完全中介效应；对经济绩效的直接效应在1%水平上正向显著，间接效应也在1%水平上正向显著，属于部分中介效应。生态创新在绿色信贷和环境绩效及经济绩效之间具有中介作用，中介效应在95%置信区间上正向显著。另外，生态创新的双重外部性也得到了验证。生态组织创新、生态过程创新和生态产品创新对经济绩效的直接影响都在1%水平上正向显著。环境绩效方面，虽然生态组织创新对环境绩效的直接影响在统计学上不显著，但是生态组织创新对生态过程创新和生态产品创新的直接影响都在1%水平上正向显著，而且生态过程创新和生态产品创新对环境绩效的直接影响也都在1%水平上正向显著。

(3) 以行业划分为标准的绿色信贷授信政策具有对行业界定的不一致性和随时间的动态调整特征，并不能有效实现对绿色信贷授信机制的引导推动作用。实证结果显示，以行业划分为标准的绿色信贷授信政策对两高一剩行业的外部融资具有显著的负向影响，但是对生态创新投入、经济增长和能源消费的影响在统计学上并不显著，但外部融资与生态创新投入的双向因果关系在统计学上显著，生态创新投入对经济增长和能源消费的单向因果关系同样得到证实。单纯以控制信贷规模为主的绿色信贷授信政策不能有效引导信贷资金投向，无法实现对面向企业环境绩效的绿色信贷授信机制的推动作用。

(4) 面向企业环境绩效的绿色信贷以追求包含环境绩效和经济绩效的综合绩效最大化为目标，在理论上具备可行性和可持续性。演化博弈的结果显示，面向企业环境绩效的绿色信贷是一种扩张性的货币政策，而银行的环境偏好是其存在的基础。相比于传统信贷，面向企业环境绩效的绿色信贷需要扩大授信额度。贷款利率方面则存在着不确定性，当企业的环境偏好大于银行的环境偏好时，面向企业环境绩效的绿色信贷的贷款利率应大于传统信贷，而当银行的环境偏好大于企业的环境偏好时，面向企业生态创新的绿色信贷的贷款利率应小于传统信贷。在最佳授信策略条件下，银行的经济绩效随着银行环境偏好的增加而降低，随着企业环境偏好的增加而增加，随着企业托宾 q 值的增加而增加，随着企业信用风险的增加而降低。企业利用绿色信贷资金投资生态创新所获得的经济绩效随着企业环境偏好的增加而降低，随着银行环境偏好的增加而增加。承受更大环境压力的企业愿意用经济绩效的降低换取更多的环境绩效，而当企业的环境偏好较小，或者说承受较小的环境压力时，具有浮动利率和授信额度的绿色信贷依旧可以对企业开展生态创新产生外部激励。

(5) 相比抵押担保模式，信用担保模式在绿色信贷的资金投向、贷前贷后的环境绩效审核等方面具有更强的引导能力和监督作用。案例研究发现，尽管目前信用担保模式的信贷风险更高，授信审批的难度更大，而且在合同利率和授信规模方面授信模式之间也不存在显著差异，但在授信审批阶段，信用担保模式可以通过信用增级有效提高信贷市场资源配置效率，以双向匹配信息缓解信息不对称，并可以通过设置以生态创新为核心的信贷配给条件，有效引导企业的信贷资金投向。在贷中和贷后阶段，信用担保模式可以利用保后检查监督企业的资金投向，在流动资金贷款和固定项目贷款上都表现出具有更有效引导信贷资金投向的能力和作用，而且信用担保模式对环境绩效的贷前贷后审核也相对优于抵押担保模式，以项目前后的环境改善作为环境绩效衡量，可以有效避免抵押担保模式仅对环境绩效进行贷前估算的弊端。

7.2　创新与不足

7.2.1　创新点

本书主要的创新点在于：

（1）针对绿色信贷授信机制的授信目的有效性问题，突破了现有文献以产业划分的研究局限，通过揭示绿色信贷、生态创新和环境绩效的耦合关系，明确了以环境绩效为授信目的的绿色信贷授信机理，验证了绿色信贷授信过程中生态创新渠道的有效性。

（2）针对绿色信贷授信机制的政策引导有效性问题，区别于现有文献主流的经济结果导向，在评估绿色信贷授信政策对生态创新和环境绩效影响效应的基础上，发现了授信政策影响的传导机制，进一步提出双轨制绿色信贷授信政策方案，为监管部门修订和完善政策指引提供了新的思路方向。

（3）针对绿色信贷授信机制的内部策略可持续问题，弥补了现有文献关于绿色信贷利率和授信额度研究的不足，通过构建基于多属性效用函数的综合绩效模型，揭示了绿色信贷授信机制的演化稳定条件，为银行业金融机构在绿色信贷业务中确定利率和授信额度提供了方法参考。

（4）针对绿色信贷授信机制的外部模式可持续问题，首次关注到授信模式对绿色信贷环境绩效的差异性影响，发现信用担保模式对绿色信贷资金投向的引导作用及对环境绩效的监督作用，由此提出了四位一体的绿色信贷授信模式，为银行业金融机构的绿色信贷授信模式改革提供了参考方案。

7.2.2 不足之处

本书的不足之处主要表现在以下两个方面：

（1）实证数据方面。一方面，因为商业机密的原因，21家主要的商业银行只有11家银行在年度报告或社会责任报告里报告了绿色信贷的统计数据，但时间序列并不完整，而且没有报告企业层面的微观信贷数据；另一方面，企业对生态创新投入和环境绩效的数据也没有详细披露。因此受到数据可得性的约束，本书在授信机理的实证研究里，使用调查问卷收集的相关数据可能存在一定的伪数据问题。尽管其后的内生关系检验结果和案例发现结果都在一定程度上给予证据支持，但不可避免大数据问题导致的结果偏差。

（2）理论假设方面。本书着重研究的是将信贷资金用于企业生态创新活动，以此获取环境绩效的绿色信贷授信机制问题，并没有涉及对信贷过程中道德风险和逆向选择问题的研究。信息不对称引发的道德风险和逆向选择是信贷市场存在的重要问题，直接影响到绿色信贷授信机制的有效性。考虑到目前绿色信贷授信机制的研究进展以及道德风险和逆向选择问题的复杂性，本书的潜在理论假设是绿色信贷市场不存在道德风险和逆向选择。尽管本书提出的四位一体绿色信贷授信模式方案可以在一定程度上减轻逆向选择和道德风险的影响，但不可避免该理论假设导致的研究深度不够。

7.3 研究展望

本书提出面向企业环境绩效的绿色信贷，为绿色信贷的政策制定和完善提供了新的思路和方向，但是在实际操作层面还有很多问题需要解决。未来可以从以下几个方面深入研究：

（1）考虑综合绩效最大化的绿色信贷利率和授信额度的确定。目前银行业金融机构主要根据收益和风险匹配的原则，以RAROC模型确定利率和授信额度。RAROC模型是衡量经济绩效的一个有效工具，但是对环境绩效的考虑不足。绿色信贷是需要衡量包含经济绩效和环境绩效的双重绩效指标，因此开发切实可行的综合绩效模型，对于在绿色信贷授信过程里利率和授信额度的确定至关重要，而这也是绿色信贷区别于传统信贷的一个关键环节。

（2）企业生态创新量表的完善。尽管学术界普遍认可生态创新是企业双重外部性和竞争优势的来源，但还没有更为详细和具体的生态创新活动界定，以至于生态创新的量表还不完整。银行在受理企业绿色信贷申请时，对其活动是否属于生态创新还不能有效判别。目前最受肯定的是企业的节能减排项目，也就是企业末端治理环节的项目，但末端治理仅仅是企业生态过程创新的一部分。因此，结合行业特征，对企业生态组织创新、生态产品创新和生态过程创新的量表制定，可以有效帮助银行更为准确地甄别企业的信贷申请是否符合绿色信贷要求，也同样可以更为清晰地指导企业开展生态创新。

（3）基于生态创新的企业绿色评级体系构建。绿色信贷授信审批的一个重要环节是对企业的评级，但是目前银行实际操作过程中主要参照的标普、穆迪和惠誉评级体系，其对环境的影响表现不足。因此，建立包含环境偏好和不同资产类型的环境效费比率的企业绿色评级体系，对于绿色信贷而言就显得格外重要。没有经济效益的支持，仅仅依赖社会责任和环境偏好，是很难真正实现可持续发展的目标。

参考文献

[1] UNEP. Towards a Green Economy: Pathways to Sustainable Development and Poverty Eradication [R]. Nairobi: UNEP, 2011.

[2] Gray R, Bebbington J, Laughlin R. Financial Accounting: Practice and Principles [M]. London: Thomson Learning, 2001.

[3] Hemphill T A. Monitoring global corporate citizenship: industry self - regulation at a crossroads [J]. Journal of Corporate Citizenship, 2004 (14): 81 - 95.

[4] Missbach A. The Equator Principles: Drawing the line for socially responsible banks? An interim review from an NGO perspective [J]. Development, 2004 (47): 78 - 84.

[5] 龙卫洋，季才留. 基于国际经验的商业银行绿色信贷研究及对中国的启示 [J]. 经济体制改革，2013 (3): 155 - 158.

[6] Thompson P, Cowton C J. Bringing the environment into bank lending: implications for environmental reporting [J]. British Accounting Review, 2004, 36: 197 - 218.

[7] Wright C, Rwabizambuga A. Institutional pressures, corporate reputation, and voluntary codes of conduct: an examination of the equator principles [J]. Business & Society Review, 2006, 111 (1): 89 - 117.

[8] Brigham E, Ehrhardt M. Financial management: Theory & practice (14th ed.) [M]. Mason: South - Western, 2014.

[9] Kidwell D, Blackwell D, Whidbee D, et al. Financial institutions, markets, and money (11th ed.) [M]. Hoboken: Wiley, 2012.

[10] UNEP. Fintech and sustainable development assessing the implications [R]. Nairobi: UNEP, 2016.

[11] Juravle C, Lewis A. Identifying impediments to SRI in Europe: A review of the practitioner and academic literature [J]. Business Ethics: A European Review, 2008, 17 (3): 285 - 310.

[12] CISL, UNEP FI. Stability and sustainability in banking reform: Are environmental risks missing in Basel Ⅲ? [R]. Cambridge: CISL, UNEP, 2014.

[13] Macve R, Chen X. The "equator principles": a success for voluntary codes? [J]. Accounting Auditing & Accountability Journal, 2013, 23 (7): 890 - 919.

[14] Wrsdrfer M. 10 Years Equator Principles: A Critical Appraisal [M]. Berlin: Springer, 2015.

[15] O'Sullivan N, O'Dwyer B. Stakeholder perspectives on a financial sector legitimation process: the case of ngos and the equator principles [J]. Accounting, Auditing & Accountability Journal, 2009, 22 (4): 553 - 587.

[16] Ashby M G, Turnbull J. Oxford Advanced Learner's Dictionary [M]. Oxford: Oxford University Press, 2010.

[17] Modigliani F, Miller M H. The Cost of Capital, Corporation Finance and the Theory of Investment [J]. American Economic Review, 1958, 48 (3): 261 - 297.

[18] Chant J. The New Theory of Financial Intermediation [A]. In: Kevin D, Mervyn K L. Current Issues in Financial and Monetary Economics [M]. London: Macmillan Press Ltd, 1989.

[19] Barro R J, Fischer S. Recent developments in monetary theory [J]. Journal of Monetary Economics, 1976, 2 (2): 133 - 167.

[20] Mishkin F S. The economics of money, banking and financial markets [M]. 北京：中国人民大学出版社，2013.

[21] Taylor J B. Discretion versus policy rules in practice [J]. Carnegie - Rochester Conference Series on Public Policy, 1993, 39: 195 - 214.

[22] Bernanke B S, Gertler M. Inside the black box: The credit channel of monetary policy transmission [J]. Journal of Economic Perpectives, 1995, 9 (4): 27 - 48.

[23] Schaffer M. The role of competition, innovation, and regulation on financial intermediary risk [J]. Managerial Finance, 2019, 45 (12): 1580 - 1600.

[24] Adrian T, Shin H S. Financial intermediary balance sheet management [J]. Annual Review of Financial Economics, 2011, 3 (1): 289-307.

[25] Merton R C. On the application of the continuous - time theory of finance to financial intermediation and insurance [J]. Geneva Papers on Risk and Insurance Theory, 1989, 14: 225-261.

[26] Shumway T. Forecasting bankruptcy more accurately: a simple hazard model [J]. The Journal of Business, 2001, 74 (1): 101-124.

[27] Casu B, Girardone C, Molyneux P. Introduction to Banking [M]. Harlow: Pearson Education Ltd, 2006.

[28] Stiglitz J, Greenwald B. Towards a New Paradigm in Monetary Economics [M]. Cambridge: Cambridge University Press, 2003.

[29] Kori E, Gondo T. Environmental Sustainability: Reality, Fantasy or Fallacy? [C]. 2nd International Conference on Environment and BioScience. Singapore: IACSIT Press, 2012.

[30] Sachs J D, Reid W V. Environment. investments toward sustainable development [J]. science, 2006, 312 (5776): 1002.

[31] Neumayer E. Weak Versus Strong Sustainability: Exploring the Limits of Two Opposing Paradigms [M]. London: Edward Elgar, 2003.

[32] Su W, Peng M W, Tan W, et al. The signaling effect of corporate social responsibility in emerging economies [J]. Journal of Business Ethics, 2016, 134 (3): 479-491.

[33] Kakabadse N K, Rozuel C, Leedavies L. Corporate social responsibility and stakeholder approach: a conceptual review [J]. International Journal of Business Governance & Ethics, 2005, 1 (4): 277-302.

[34] Fergus A H T, Rowney J I A. Sustainable development: lost meaning and opportunity? [J]. Journal of Business Ethics, 2005, 60 (1): 17-27.

[35] Lagoarde - Segot T, Paranque B. Finance and sustainability: from ideology to utopia [J]. International Review of Financial Analysis, 2018, 55: 80-92.

[36] Lagoarde - Segot T. Sustainable finance. A critical realist perspective [J]. Research in International Business and Finance, 2019, 47: 1-9.

[37] Currie C. The need for a new theory of economic reform [J]. Journal of

Socio - Economics, 2005, 34 (4): 425 - 443.

[38] Jaeggi O, Webber Ziero G, Tobin - de la Puente J, et al. Understanding Sustainable Finance [A]. In: Wendt K. (eds) Positive Impact Investing. Sustainable Finance [M]. Berlin: Springer, 2018.

[39] Soppe A. Sustainable corporate finance [J]. Journal of Business Ethics, 2004, 53 (1): 213 - 224.

[40] Charlo M J, Moya I, Muñoz A M. Sustainable Development and Corporate Financial Performance: A Study Based on the FTSE4Good IBEX Index [J]. Business Strategy & the Environment, 2015, 24 (4): 277 - 288.

[41] Helmig B, Spraul K, Ingenhoff D. Under positive pressure: how stakeholder pressure affects corporate social responsibility implementation [J]. Business & Society, 2016, 55: 151 - 187.

[42] Peng B, Tu Y, Wei G. Can Environmental Regulations Promote Corporate Environmental Responsibility? Evidence from the Moderated Mediating Effect Model and an Empirical Study in China [J]. Sustainability, 2018, 10 (3): 641.

[43] Freeman E. Strategic management: A stakeholder approach [M]. Boston: Pitman, 1984.

[44] Horisch J, Schaltegger S, Freeman R E. Integrating stakeholder theory and sustainability accounting: a conceptual synthesis [J]. Journal of Cleaner Production, 2020, 275: 124097.

[45] Mitchell R K, Agle B R, Wood D J. Toward a theory of stakeholder identification and salience: Defining the principle of who and what really counts [J]. Academy of Management Review, 1997, 22: 853 - 886.

[46] Fassin Y. Stakeholder management, reciprocity and stakeholder responsibility [J]. Journal of Business Ethics, 2012, 109: 83 - 96.

[47] Thijssens T, Bollen L, Hassink H. Secondary stakeholder influence on CSR disclosure: An application of stakeholder salience theory [J]. Journal of Business Ethics, 2015, 132: 873 - 891.

[48] Agle B R, Mitchell R K, Sonnenfeld J A. Who matters to CEOs? An investigation of stakeholder attributes and salience, corporate performance, and CEO values [J]. Academy of Management Journal, 1999, 42: 507 - 525.

[49] Neville B, Bell S, Whitwell G. Stakeholder salience revisited: Refining,

redefining, and refueling an underdeveloped conceptual tool [J]. Journal of Business Ethics, 2011, 102: 357-378.

[50] Freeman E, Harrison J, Wicks A, et al. Stakeholder theory: The state of the art [M]. New York: Cambridge University Press, 2010.

[51] Phillips R. Stakeholder legitimacy [J]. Business Ethics Quarterly, 2003, 13: 25-41.

[52] Harrison J S, Bosse D A, Phillips R A. Managing for stakeholders, stakeholder utility functions, and competitive advantage [J]. Strategic Management Journal, 2010, 31: 58-74.

[53] Walsh J P. Taking stock of stakeholder management [J]. Academy of Management Review, 2005, 30: 426-438.

[54] Yu W, Ramanathan R. An empirical examination of stakeholder pressures, green operations practices and environmental performance [J]. International Journal of Production Research, 2015, 53: 6390-6407.

[55] Sarkis J, Gonzalez-Torre P, Adenso-Diaz B. Stakeholder pressure and the adoption of environmental practices: the mediating effect of training [J]. Journal of Operations Management, 2010, 28: 163-176.

[56] Bettinazzi E L M, Zollo M. Stakeholder orientation and acquisition performance [J]. Strategic Management Journal, 2017, 38: 2465-2485.

[57] Bridoux F, Stoelhorst J. Microfoundations for stakeholder theory: Managing stakeholders with heterogeneous motives [J]. Strategic Management Journal, 2014, 125: 107-125.

[58] Daddi T, Testa F, Frey M, et al. Exploring the link between institutional pressures and environmental management systems effectiveness: An empirical study [J]. Journal of Environmental Management, 2016, 183: 647-656.

[59] Delmas M A. The diffusion of environmental management standards in Europe and in the United States: An institutional perspective [J]. Policy Sciences, 2002, 35 (1): 91-119.

[60] Arfaoui N. Eco-innovation and regulatory push/pull effect in the case of REACH regulation: empirical evidence based on survey data [J]. Applied Economics, 2018, 50 (14): 1536-1554.

[61] Rennings K. Redefining innovation—eco-innovation research and the

contribution from ecological economics [J]. Ecological Economics, 2000, 32 (2): 319 -332.

[62] Oltra V, Jean M S. Sectoral systems of environmental innovation: An application to the French automotive industry [J]. Technological Forecasting & Social Change, 2009, 76 (4): 567 -583.

[63] Sáez - Martínez F J, Díaz - García C, Gonzalez - Moreno A. Firm technological trajectory as a driver of eco - innovation in young small and medium - sized enterprises [J]. Journal of Cleaner Production, 2016, 138 (1): 28 -37.

[64] Huang J W, Li Y H. How resource alignment moderates the relationship between environmental innovation strategy and green innovation performance [J]. The Journal of Business & Industrial Marketing, 2018, 33 (3): 316 -324.

[65] Chen Y, Liu J, Li Y, et al. Mode and Mechanism of Green Innovation Based on User Involvement Electronic Platform under Chinese Green Education Context [J]. Eurasia Journal of Mathematics Science and Technology Education, 2017, 13 (10): 6519 -6534.

[66] McLean C, Hassard J. Symmetrical Absence/Symmetrical Absurdity: Critical Notes on the Production of Actor - Network Accounts [J]. Journal of Management Studies, 2004, 41 (3): 493 -519.

[67] Maassen, A. Heterogeneity of Lock - In and the Role of Strategic Technological Interventions in Urban Infrastructural Transformations [J]. European Planning Studies, 2012, 20 (3): 441 -460.

[68] Lee S, Jung K. The Role of Community - led Governance in Innovation Diffusion: The Case of RFID Waste Pricing System in the Republic of Korea [J]. Sustainability, 2018, 10: 3125.

[69] Kijek T. Modelling Of Eco - innovation Diffusion: The EU Eco - label [J]. Comparative Economic Research, 2015, 18 (1): 65 -79.

[70] Peng X, Liu Y. Behind eco - innovation: Managerial environmental awareness and external resource acquisition [J]. Journal of Cleaner Production, 2016, 139: 347 -360.

[71] 周航，李君．以国家生态文明建设示范区为平台的绿色信贷发展研究 [J]. 环境保护，2015，43 (23)：55 -58.

[72] 刘传岩．中国绿色信贷发展问题探究 [J]. 税务与经济，2012

(1): 85 - 87.

[73] 张伟，葛金田．绿色信贷导向的管理学解释——基于新公共服务理论视角［J］．经济问题，2009（2）：3 - 8.

[74] Zhang B, Yang Y, Bi J. Tracking the implementation of green credit policy in china: top - down perspective and bottom - up reform [J]. Journal of Environmental Management, 2011, 92 (4): 1321 - 1327.

[75] He L, Zhang L, Zhong Z, et al. Green credit, renewable energy investment and green economy development: Empirical analysis based on 150 listed companies of China [J]. Journal of Cleaner Production, 2019, 208: 363 - 372.

[76] 马晓微，陈慧圆．绿色信贷风险评估［J］．中国金融，2015（10）：23 - 25.

[77] 刘婧宇，夏炎，林师模，等．基于金融 CGE 模型的中国绿色信贷政策短中长期影响分析［J］．中国管理科学，2015，23（4）：46 - 52.

[78] Ryszawska B. Sustainable Finance: Paradigm Shift [A]. In: Wendt K. (eds) Positive Impact Investing. Sustainable Finance [M]. Berlin: Springer, 2018: 219 - 231.

[79] 国务院发展研究中心"进一步化解产能过剩的政策研究"课题组，赵昌文，许召元，等．当前我国产能过剩的特征、风险及对策研究——基于实地调研及微观数据的分析［J］．管理世界，2015（4）：1 - 10.

[80] 孙光林，王颖，李庆海．绿色信贷对商业银行信贷风险的影响［J］．金融论坛，2017（10）：31 - 40.

[81] 国务院发展研究中心"绿化中国金融体系"课题组．发展中国绿色金融的逻辑与框架［J］．金融论坛，2016（2）：17 - 28.

[82] 陈立铭，郭丽华，张伟伟．我国绿色信贷政策的运行机制及实施路径［J］．当代经济研究，2016（1）：91 - 96.

[83] 张建军，段润润．中国商业银行构建绿色信贷体系的路径探索［J］．西安电子科技大学学报（社会科学版），2013，23（5）：120 - 125.

[84] 中国人民银行泉州市中心支行课题组．征信制度安排实现"绿色信贷"效应传导的泉州案例分析［J］．上海金融，2012（9）：102 - 106.

[85] 曾煜，陈旦．供给侧改革背景下绿色信贷的制度创新［J］．江西社会科学，2016，36（4）：48 - 52.

[86] Scholtens B, Dam L. Banking on the equator. are banks that adopted the

equator principles different from non - adopters? [J]. World Development, 2007, 35 (8): 1307 - 1328.

[87] Eisenbach S, Schiereck D, & Trillig J, et al. Sustainable Project Finance, the Adoption of the Equator Principles and Shareholder Value Effects [J]. Business Strategy & the Environment, 2014, 23: 375 - 394.

[88] Liang L W, Chang H Y, & Shao H L. Does sustainability make banks more cost efficient? [J]. Global Finance Journal, 2018, 38: 13 - 23.

[89] 高晓燕，高歌. 绿色信贷规模与商业银行竞争力的关系探究 [J]. 经济问题，2018 (7): 15 - 21.

[90] Jo H, Kim H, Park K. Corporate Environmental Responsibility and Firm Performance in the Financial Services Sector [J]. Journal of Business Ethics, 2015, 131 (2): 257 - 284.

[91] Esteban - Sanchez P, Marta C G, Diego Paredes - Gazquez J. Corporate Social Performance and its relation with Corporate Financial Performance: international evidence in the banking industry [J]. Journal of Cleaner Production, 2017, 162: 1102 - 1110.

[92] Chih H L, Chih H H, Chen T Y. On the Determinants of Corporate Social Responsibility: International Evidence on the Financial Industry [J]. Journal of Business Ethics, 2010, 93 (1): 115 - 135.

[93] Nollet J, Filis G, Mitrokostas E. Corporate social responsibility and financial performance: A non - linear and disaggregated approach [J]. Economic Modelling, 2016, 52: 400 - 407.

[94] Nizam E, Ng A, Dewandaru G, et al. The impact of social and environmental sustainability on financial performance: a global analysis of the banking sector [J]. Journal of Multinational Financial Management, 2019, 49: 35 - 53.

[95] Xu X, Li J. Asymmetric impacts of the policy and development of green credit on the debt financing cost and maturity of different types of enterprises in China [J]. Journal of cleaner production, 2020, 264: 121574.

[96] 苏冬蔚，连莉莉. 绿色信贷是否影响重污染企业的投融资行为? [J]. 金融研究，2018 (12): 123 - 137.

[97] He L, Wu C, Yang X, et al. Corporate social responsibility, green credit, and corporate performance: an empirical analysis based on the mining, power, and

steel industries of china [J]. Natural hazards, 2018, 95: 1 – 17.

[98] Liu X, Wang E, Cai D. Green credit policy, property rights and debt financing: quasi – natural experimental evidence from china [J]. Finance research letters, 2019, 29: 129 – 135.

[99] 连莉莉. 绿色信贷影响企业债务融资成本吗? ——基于绿色企业与"两高"企业的对比研究 [J]. 金融经济学研究, 2015, 30 (5): 83 – 93.

[100] 朱朝晖, 谭雅妃. 契约监管与重污染企业投资效率——基于《绿色信贷指引》的准自然实验 [J]. 华东经济管理, 2020, 34 (10): 74 – 86.

[101] 马妍妍, 俞毛毛. 绿色信贷能够降低企业污染排放么? ——基于双重差分模型的实证检验 [J]. 西南民族大学学报 (人文社科版), 2020, 41 (8): 116 – 127.

[102] 蔡海静. 我国绿色信贷政策实施现状及其效果检验——基于造纸、采掘与电力行业的经验证据 [J]. 财经论丛, 2013 (1): 69 – 75.

[103] 蔡海静, 汪祥耀, 谭超. 绿色信贷政策、企业新增银行借款与环保效应 [J]. 会计研究, 2019 (3): 88 – 95.

[104] 修静, 刘海英, 臧晓强. 绿色信贷、节能减排下的工业增长及预测研究 [J]. 当代经济科学, 2015, 37 (3): 55 – 62.

[105] 徐胜, 赵欣欣, 姚双. 绿色信贷对产业结构升级的影响效应分析 [J]. 上海财经大学学报, 2018, 20 (2): 59 – 72.

[106] Hu Y, Jiang H, Zhong Z. Impact of green credit on industrial structure in China: theoretical mechanism and empirical analysis [J]. Environmental science and pollution research, 2020, 27: 10506 – 10519.

[107] 裴育, 徐炜锋, 杨国桥. 绿色信贷投入、绿色产业发展与地区经济增长——以浙江省湖州市为例 [J]. 浙江社会科学, 2018 (3): 45 – 53.

[108] 陈伟光, 胡当. 绿色信贷对产业升级的作用机理与效应分析 [J]. 江西财经大学学报, 2011 (4): 12 – 20.

[109] Liu J Y, Xia Y, Fan Y, et al. Assessment of a green credit policy aimed at energy – intensive industries in china based on a financial CGE model [J]. Journal of Cleaner Production, 2017, 163: 293 – 302.

[110] 李毓, 胡海亚, 李浩. 绿色信贷对中国产业结构升级影响的实证分析——基于中国省级面板数据 [J]. 经济问题, 2020 (1): 37 – 43.

[111] 韩丰霞, 肖汉杰, 彭定洪, 等. 经济新常态下绿色金融发展动力

问题探究——基于政府、银行和企业三方博弈关系 [J]. 经济与管理评论, 2017 (5): 88 -94.

[112] Ilinitch A Y, Soderstrom N S, Thomas T E. Measuring corporate environmental performance [J]. Journal of Accounting and Public Policy, 1998, 17: 383 -408.

[113] Montabon F, Sroufe R, Narasimhan R. An examination of corporate reporting, environmental management practices and firm performance [J]. Journal of Operations Management, 2007, 25 (5): 998 -1014.

[114] 杨东宁, 周长辉. 企业环境绩效与经济绩效的动态关系模型 [J]. 中国工业经济, 2004 (4): 43 -50.

[115] 俞雅乖, 刘玲燕. 我国城市环境绩效及其影响因素分析 [J]. 管理世界, 2016 (11): 176 -177.

[116] 包国宪, 保海旭, 张国兴. 中国政府环境绩效治理体系的理论研究 [J]. 中国软科学, 2018 (6): 181 -192.

[117] Johnstone L. The construction of environmental performance in ISO 14001 -certified SMEs [J]. Journal of Cleaner Production, 2020, 263: 1 -14.

[118] Trumpp C, Endrikat J, Zopf C, et al. Definition, conceptualization, and measurement of corporate environmental performance: a critical examination of a multidimensional construct [J]. Journal of Business Ethics, 2015, 126: 185 -204.

[119] Miakisz J. Measuring environmental performance at niagara mohawk power [J]. Total Quality Environmental Management, 1994, 4 (1): 47 -56.

[120] 林立国, 楼国强. 外资企业环境绩效的探讨——以上海市为例 [J]. 经济学 (季刊), 2014, 13 (2): 515 -536.

[121] Kohtala C. Addressing sustainability in research on distributed production: an integrated literature review [J]. Journal of Cleaner Production, 2015, 106: 654 -668.

[122] Majid A, Yasir M, Javed A. Nexus of institutional pressures, environmentally friendly business strategies, and environmental performance [J]. Corporate Social Responsibility and Environmental Management, 2019 (3): 1 -11.

[123] Gray W B, Deily M E. Compliance and Enforcement: Air Pollution Regulation in the U. S. Steel Industry [J]. Journal of Environmental Economics &

Management, 1996, 31 (1): 96 - 111.

[124] Foulon J, Lanoie P, Laplante B. Incentives for Pollution Control: Regulation or Information? [J]. Journal of Environmental Economics and Management, 2002, 44 (1): 169 - 187.

[125] Dasgupta S, Laplante B, Mamingi N, et al. Inspections, pollution prices, and environmental performance: evidence from China [J]. Ecological Economics, 2001, 36 (3): 487 - 498.

[126] Loureiro M L, Lotade J. Do fair trade and eco - labels in coffee wake up the consumer conscience? [J]. Ecological Economics, 2005, 53 (1): 129 - 138.

[127] Blackman A, Bannister G J. Community Pressure and Clean Technology in the Informal Sector: An Econometric Analysis of the Adoption of Propane by Traditional Mexican Brickmakers [J]. Journal of Environmental Economics & Management, 1998, 35 (1): 1 - 21.

[128] 黎文靖，路晓燕．机构投资者关注企业的环境绩效吗？——来自我国重污染行业上市公司的经验证据 [J]. 金融研究，2015 (12)：97 - 112.

[129] Boiral O, Guillaumie L, Heras - Saizarbitoria I, et al. Adoption and Outcomes of ISO 14001: A Systematic Review [J]. International Journal of Management Reviews, 2018, 20 (2): 411 - 432.

[130] Sartor M, Orzes G, Touboulic A, et al. ISO 14001 standard: Literature review and theory - based research agenda [J]. Quality Management Journal, 2019, 26 (1): 32 - 64.

[131] 胡珺，宋献中，王红建．非正式制度、家乡认同与企业环境治理 [J]. 管理世界，2017 (3)：76 - 94，187 - 188.

[132] Sezen B, Çankaya S Y. Effects of Green Manufacturing and Eco - innovation on Sustainability Performance [J]. Procedia - Social and Behavioral Sciences, 2013, 99 (6): 154 - 163.

[133] Yang F, Yang M. Analysis on China's eco - innovations: Regulation context, intertemporal change and regional differences [J]. European Journal of Operational Research, 2015, 247 (3): 1003 - 1012.

[134] Faria L G D, Andersen M M. Sectoral patterns versus firm - level heterogeneity - The dynamics of eco - innovation strategies in the automotive sector

[J]. Technological Forecasting & Social Change, 2016, 117: 266 - 281.

[135] Fussler C, James P. Driving eco - innovation: A breakthrough discipline for innovation and sustainability [M]. London: Pitman, 1996.

[136] Lockie R G, Farzad J, Orjalo A J, et al. A Methodological Report [J]. Journal of Strength and Conditioning Research, 2017, 31 (2): 539 - 547.

[137] Charter M, Clark T. Sustainable Innovation: Key conclusions from Sustainable Innovation Conferences 2003—2006 organised by The Centre for Sustainable Design [R]. Farnham: The Centre for Sustainable Design, 2007.

[138] European Commission. Competitiveness and Innovation Framework Programme (2007 to 2013) [R]. Belgium: Brussels, 2007.

[139] Andersen M M. Organising interfirm learning - as the market begins to turn Green [A]. In: de Bruijn T J N M, Tukker A. Partnership and Leadership: Building Alliances for a Sustainable Future [M]. Boston: Kluwer Academic Publishers, 2002.

[140] 杨燕．生态创新的概念内涵和特性：与一般意义上创新的比较与思考 [J]. 东北大学学报（社会科学版），2013，15（6）：557 - 562.

[141] 蒋秀兰，沈志渔．基于波特假说的企业生态创新驱动机制与创新绩效研究 [J]. 经济管理，2015，37（5）：190 - 199.

[142] Kemp R, Volpi M. The diffusion of clean technologies: a review with suggestions for future diffusion analysis [J]. Journal of Cleaner Production, 2008, 16: 14 - 21.

[143] OECD. Eco - innovation in Industry: enabling green growth [R]. Paris: OECD, 2009.

[144] Hechavarria D, Ingram A. A Review of the Entrepreneurial Ecosystem and the Entrepreneurial Society in the United States: An Exploration with Global Entrepreneurship Monitor Dataset [J]. Journal of Business & Entrepreneurship, 2014, 26 (1): 1 - 35.

[145] Pratono A, Sutanti A. The ecosystem of social enterprise: Social culture, legal framework, and policy review in Indonesia [J]. Pacific Science Review B: Humanities and Social Sciences, 2016, 2 (3): 106 - 112.

[146] Moore J F. Business ecosystems and the view from the firm [J]. Antitrust Bulletin, 2006, 51 (1): 31.

[147] Arnold M G, Hockerts K. The greening dutchman: philips' process of green flagging to drive sustainable innovations [J]. Business Strategy & the Environment, 2011, 20: 394-407.

[148] Tseng M L, Wang R, Chiu A S F, et al. Improving performance of green innovation practices under uncertainty [J]. Journal of Cleaner Production, 2013, 40: 71-82.

[149] Kesidou E, Demirel P. On the drivers of eco-innovations: Empirical evidence from the UK [J]. Research Policy, 2012, 41 (5): 862-870.

[150] Horbach J, Rammer C, Rennings K. Determinants of Eco-innovations by Type of Environmental Impact: The Role of Regulatory Push/Pull, Technology Push and Market Pull [J]. Ecological Economics, 2012, 78 (32): 112-122.

[151] Verghese K, Lewis H. Environmental innovation in industrial packaging: a supply chain approach [J]. International Journal of Production Research, 2007, 45 (18-19): 4381-4401.

[152] Klewitz J, Hansen E G. Sustainability-oriented innovation of SMEs: a systematic review [J]. Journal of Cleaner Production, 2014, 65: 57-75.

[153] Maçaneiro M B, Cunha S K, Balbinot Z. Drivers of the Adoption of Eco-Innovations in the Pulp, Paper, and Paper Products Industry in Brazil [J]. Latin American Business Review, 2013, 14 (3-4): 179-208.

[154] Muller A, Välikangas L, Merlyn P. Metrics for innovation: Guidelines for developing a customized suite of innovation metrics [J]. Engineering Management Review, IEEE, 2006, 33: 66-72.

[155] Triguero A, Moreno-Mondéjar L, Davia M A. The influence of energy prices on adoption of clean technologies and recycling: Evidence from European SMEs [J]. Energy Economics, 2014, 46: 246-257.

[156] Bossle M B, Barcellos M D D, Vieira L M, et al. The drivers for adoption of eco-innovation [J]. Journal of Cleaner Production, 2016, 113: 861-872.

[157] Pacheco D A D J, Caten C S, Jung C F, et al. Eco-innovation determinants in manufacturing SMEs: Systematicreview and research directions [J]. Journal of Cleaner Production, 2017, 142: 2277-2287.

[158] Scarpellini S, Aranda A, Aranda J, et al. R&D and eco - innovation: opportunities for closer collaboration between universities and companies through technology centers [J]. Clean Technologies & Environmental Policy, 2012, 14 (6): 1047 - 1058.

[159] Scarpellini S, María M V L, Portillo T P, et al. Defining and measuring different dimensions of financial resources for business eco - innovation and the influence of the firms' capabilities [J]. Journal of Cleaner Production, 2018, 204: 258 - 269.

[160] Watchman P. Banks, Business and Human Rights [J]. Butterworths Journal of International Banking and Financial Law, 2006, 21 (2): 46 - 50.

[161] 董捷. 我国绿色金融发展的现状、问题和对策 [J]. 工业技术经济, 2013 (3): 156 - 160.

[162] 左振秀, 崔丽, 朱庆华. 中国实施绿色信贷的障碍因素 [J]. 金融论坛, 2017 (9): 50 - 59, 82.

[163] Baumann H, Boons F, Bragd A. Mapping the green product development field: engineering, policy and business perspectives [J]. Journal of Cleaner Production, 2002, 10 (5): 409 - 425.

[164] Paavola J. Institutions and environmental governance: a reconceptualization [J]. Ecological Economics, 2007, 63: 93 - 103.

[165] Porter M E, Linde, C V D. Toward a new conception of the environment - competitiveness relationship [J]. Journal of Economic Perspectives, 1995, 9 (4): 97 - 118.

[166] Freire P A. Enhancing innovation through behavioral stimulation: the use of behavioral determinants of innovation in the implementation of eco - innovation processes in industrial sectors and companies [J]. Journal of Cleaner Production, 2018, 170: 1677 - 1687.

[167] Cainelli G, De Marchi V, Grandinetti R. Does the development of environmental innovation require different resources? Evidence from Spanish manufacturing firms [J]. Journal of Cleaner Production, 2015, 94: 211 - 220.

[168] Harford J, Kecskés A, Mansi S. Do long - term investors improve corporate decision making? [J]. Journal of Corporate Finance, 2018, 50: 424 - 452.

[169] Raberto M, Ozel B, Ponta L, et al. From financial instability to green

finance: the role of banking and credit market regulation in the Eurace model [J]. Journal of Evolutionary Economics, 2019, 29: 429 -465.

[170] He Z, Chen X, Huang W, et al. External finance and dividend policy: a twist by financial constraints [J]. Accounting & finance, 2016, 56: 935 -959.

[171] Kuo T C, Smith S. A systematic review of technologies involving eco - innovation for enterprises moving towards sustainability [J]. Journal of Cleaner Production, 2018, 192: 207 -220.

[172] Cheng C C J, Yang C L, Sheu C. The link between eco - innovation and business performance: a Taiwanese industry context [J]. Journal of Cleaner Production, 2014, 64: 81 -90.

[173] García - Granero E M, Piedra - Muñoz L, Galdeano - Gómez E. Eco - innovation measurement: A review of firm performance indicators [J]. Journal of Cleaner Production, 2018, 191: 304 -317.

[174] Karakaya E, Hidalgo A, Nuur C. Diffusion of eco - innovations: a review [J]. Renewable and Sustainable Energy Reviews, 2014, 33: 392 -399.

[175] Murphy J, Gouldson A. Environmental policy and industrial innovation: integrating environment and economy through ecological modernisation [J]. Geoforum, 2000, 31: 33 -44.

[176] Smith A, Voß J P, Grin J. Innovation studies and sustainability transitions: the allure of the multi - level perspective and its challenges [J]. Research Policy, 2010, 39: 435 -448.

[177] Hojnik J, Ruzzier M. The driving forces of process eco - innovation and its impact on performance: insights from slovenia [J]. Journal of Cleaner Production, 2016, 133: 812 -825.

[178] Cai W, Li G. The drivers of eco - innovation and its impact on performance: evidence from china [J]. Journal of Cleaner Production, 2018, 176: 110 -118.

[179] Chen Y S. Green organizational identity: sources and consequence [J]. Management Decision, 2011, 49: 384 -404.

[180] Berrone P, Fosfuri A, Gelabert L, et al. Necessity as the mother of "green" inventions: institutional pressures and environmental innovations [J].

Strategic Management Journal, 2013, 34: 891 -909.

[181] Barney J B. Firm resources and sustained competitive advantage [J]. Journal of Management, 1991, 17: 99 - 120.

[182] Baumol W J. The Free - Market Innovation Machine: Analyzing the Growth Miracle of Capitalism [M]. New Jersey: Princeton University Press, 2002.

[183] Jiang K, You D, Merrill R, et al. Implementation of a multi - agent environmental regulation strategy under Chinese fiscal decentralization: an evolutionary game theoretical approach [J]. Journal of Cleaner Production, 2019, 214: 902 -915.

[184] Nidumolu R, Prahalad C K, Rangaswami M R. Why sustainability is now the key driver of innovation [J]. Harvard Business Review, 2009, 87: 57 - 64.

[185] Anand K S, Aron R. Group - Buying On The Web: A Comparison Of Price Discovery Mechanisms [J]. Management Science, 2003, 49 (11): 1546 - 1562.

[186] Jing X, Xie J. Group Buying: A New Mechanism for Selling Through Social Interactions [J]. Management Science, 2011, 57 (8): 1354 - 1372.

[187] Williamson O E. The Mechanisms of Governance [M]. New York: Oxford University Press, 1999.

[188] Bushee B J, Carter M E, Gerakos J. Institutional Investor Preferences for Corporate Governance Mechanisms [J]. Journal of Management Accounting Research, 2014, 26 (2): 123 - 149.

[189] Hartline J D. Lectures on Approximation in Mechanism Design [J]. The American economic review, 2012, 102 (3): 330 -336.

[190] Sun J, Wang F, Yin H, et al. Money talks: the environmental impact of china's green credit policy [J]. Journal of Policy Analysis and Management, 2019, 38 (3): 653 -680.

[191] Jiao Y. Stakeholder welfare and firm value [J]. Journal of Banking & Finance, 2010, 34: 2549 -2561.

[192] Wörsdörfer M. Equator principles: bridging the gap between economics and ethics? [J]. Business & Society Review, 2015, 120 (2): 205 -243.

[193] Finnveden G, Hauschild M Z, Ekvall T, et al. Recent developments

in Life Cycle Assessment [J]. Journal of Environmental Management, 2009, 91: 1-21.

[194] Almeida H, Campello M. Financing frictions and the substitution between internal and external funds [J]. Journal of Financial and Quantitative Analysis, 2010, 45: 589-622.

[195] Amore M D, Schneider C, Žaldokas A. Credit supply and corporate innovation [J]. Journal of Financial Economics, 2013, 109: 835-855.

[196] Tariq A, Badir Y F, Tariq W, et al. Drivers and consequences of green product and process innovation: a systematic review, conceptual framework and future outlook [J]. Technology in Society, 2017, 51: 8-23.

[197] Kiefer C P, Carrillo - Hermosilla J, Pablo D R. Diversity of eco - innovations: a quantitative approach [J]. Journal of Cleaner Production, 2017, 166: 1494-1506.

[198] Tumelero C, Sbragia R, Evans S. Cooperation in r & d and eco - innovations: the role on the companies' socioeconomic performance [J]. Journal of Cleaner Production, 2018, 207: 1138-1149.

[199] Gbongli K, Xu Y, Amedjonekou K M, et al. Evaluation and classification of mobile financial services sustainability using structural equation modeling and multiple criteria decision - making methods [J]. Sustainability, 2020, 12 (4): 1288.

[200] Antonakis J, Bendahan S, Jacquart P, et al. On making causal claims: A review and recommendations [J]. The Leadership Quarterly, 2010, 21 (6): 1086-1120.

[201] Fuller C M, Simmering M J, Atinc G, et al. Common methods variance detection in business research [J]. Journal of Business Research, 2016, 69 (8): 3192-3198.

[202] Podsakoff P M, MacKenzie S B, Lee J Y, et al. Common method biases in behavioral research: a critical review of the literature and recommended remedies [J]. Journal of Applied Psychology, 2003, 88 (5): 879-903.

[203] Domínguez E E, Mallén B F F, Lapiedra A R, et al. The Infuence of Leaders' Stewardship Behavior on Innovation Success: The Mediating Effect of Radical Innovation [J]. Journal of Business Ethics, 2019, 159: 849-862.

[204] Hayes A F. Beyond Baron and Kenny：statistical mediation analysis in the new millennium [J]. Communication Monographs，2009，76 (4)：408 -420.

[205] 温忠麟，叶宝娟．中介效应分析：方法和模型发展 [J]. 心理科学进展，2014，22 (5)：731 -745.

[206] Hazarika N，Zhang X. Evolving theories of eco - innovation：a systematic review [J]. Sustainable Production & Consumption，2019，19：64 -78.

[207] Chen N，Huang H H，Lin C H. Equator principles and bank liquidity [J]. International Review of Economics & Finance，2018，55：185 -202.

[208] 谢婷婷，刘锦华．绿色信贷如何影响中国绿色经济增长？[J]. 中国人口·资源与环境，2019，29 (9)：83 -90.

[209] Omri A，Kahouli B. Causal relationships between energy consumption，foreign direct investment and economic growth：fresh evidence from dynamic simultaneous - equations models [J]. Energy Policy，2014，67：913 -922.

[210] Kahouli B. The causality link between energy electricity consumption，CO_2 emissions，R&D stocks and economic growth in Mediterranean countries (MCs) [J]. Energy，2018，145：388 -399.

[211] Shahbaz M，Kumar T A，Nasir M. The effects of financial development，economic growth，coal consumption and trade openness on CO_2 emissions in south Africa [J]. Energy Policy，2013，61：1452 -1459.

[212] 邢毅．经济增长、能源消费和信贷投放的动态关系研究——基于碳排放强度分组的省级面板实证分析 [J]. 金融研究，2015 (12)：17 -31.

[213] 陈林，伍海军．国内双重差分法的研究现状与潜在问题 [J]. 数量经济技术经济研究，2015，32 (7)：133 -148.

[214] Liu D T. The effects of institutionalization in China：A difference - indifferences analysis of the mandatory retirement age [J]. China Economic Review，2018，52：192 -203.

[215] Appiah M O. Investigating the multivariate Granger causality between energy consumption，economic growth and CO_2 emissions in Ghana [J]. Energy Policy，2018，112：198 -208.

[216] 王仲瑀．京津冀地区能源消费、碳排放与经济增长关系实证研究 [J]. 工业技术经济，2017，36 (1)：82 -92.

[217] 林美顺．清洁能源消费、环境治理与中国经济可持续增长 [J].

数量经济技术经济研究，2017，34（12）：3-21.

[218] Ullah B，Wei Z. Bank financing and firm growth：evidence from transition economies [J]. Journal of Financial Research，2017，40（4）：507-534.

[219] 黄玖立，冼国明. 金融发展、FDI与中国地区的制造业出口 [J]. 管理世界，2010（7）：8-17，187.

[220] 程时雄，柳剑平，龚兆鋆. 中国工业行业节能减排经济增长效应的测度及影响因素分析 [J]. 世界经济，2016，39（3）：166-192.

[221] Peters R H，Taylor L A. Intangible capital and the investment-q relation [J]. Journal of Financial Economics，2017，123：251-272.

[222] 陈诗一. 中国工业分行业统计数据估算：1980—2008 [J]. 经济学（季刊），2011，10（3）：735-776.

[223] 单豪杰. 中国资本存量K的再估算：1952~2006年 [J]. 数量经济技术经济研究，2008（10）：18-32.

[224] 钱雪松，康瑾，唐英伦，等. 产业政策、资本配置效率与企业全要素生产率——基于中国2009年十大产业振兴规划自然实验的经验研究 [J]. 中国工业经济，2018（8）：42-59.

[225] Byiers B，Rand J，Tarp F，et al. Credit demand in mozambican manufacturing [J]. Journal of International Development，2010，22（1）：37-55.

[226] Atanassov J，Nanda V，Seru A. Finance and innovation：the case of publicly listed firms [J]. SSRN Electronic Journal，2007. DOI：10.2139/ssrn.740045.

[227] Benfratello L，Schiantarelli F，Sembenelli A. Banks and innovation：microeconometric evidence on italian firms [J]. Journal of Financial Economics，2008，90：197-217.

[228] Hsu P H，Tian X，Xu Y. Financial development and innovation：cross-country evidence [J]. Journal of Financial Economics，2014，112（1）：116-135.

[229] Ferreira D，Manso G，Silva A C. Incentives to innovate and the decision to go public or private [J]. Review of Financial Studies，2014，27：256-300.

[230] Laeven L，Levine R，Michalopoulos S. Financial innovation and endogenous growth [J]. Journal of Financial Intermediation，2015，24（1）：1-24.

[231] Lerner J，Sørensen M，Strömberg P. Private equity and long-run

investment: the case of innovation [J]. Journal of Finance, 2011, 66: 445 -477.

[232] Herrera A M, Minetti R. Informed finance and technological change: Evidence from credit relationships [J]. Journal of Financial Economics, 2007, 83 (1): 223 -269.

[233] Bitat A. Environmental regulation and eco - innovation: the porter hypothesis refined [J]. Eurasian Business Review, 2018, 8: 299 -321.

[234] Prokopczuk M, Rachev S T, Schindlmayr G, et al. Quantifying risk in the electricity business: a raroc - based approach [J]. Energy Economics, 2007, 29: 1033 -1049.

[235] Abel A B, Eberly J C. A unified model of investment under uncertainty [J]. American Economic Review, 1994, 84: 1369 -1384.

[236] Andrei D, Mann W, Moyen N. Why did the q theory of investment start working? [J]. Journal of Financial Economics, 2019, 133: 251 -272.

[237] Basrawi F, Ibrahim T K, Habib K, et al. Effect of operation strategies on the economic and environmental performance of a micro gas turbine trigeneration system in a tropical region [J]. Energy, 2016, 97: 262 -272.

[238] Li R, Ramanathan R. Exploring the relationships between different types of environmental regulations and environmental performance: evidence from china [J]. Journal of Cleaner Production, 2018, 196: 1329 -1340.

[239] Laschi A, Marchi E, Gonzalez - García S. Environmental performance of wood pellets' production through life cycle analysis [J]. Energy, 2016, 103: 469 -480.

[240] Thomakos D D, Alexopoulos T A. Carbon intensity as a proxy for environmental performance and the informational content of the EPI [J]. Energy Policy, 2016, 94: 179 -190.

[241] Tian P, Lin B. Impact of financing constraints on firm's environmental performance: evidence from china with survey data [J]. Journal of Cleaner Production, 2019, 217: 432 -439.

[242] Campos L M S, Heizen D A D M, Verdinelli M A, et al. Environmental performance indicators: a study on ISO 14001 certified companies [J]. Journal of Cleaner Production, 2015, 99: 286 -296.

[243] Nakao Y, Amano A, Matsumura K, et al. Relationship between envi-

ronmental performance and financial performance: an empirical analysis of Japanese corporations [J]. Business Strategy & the Environment, 2007, 16: 106 - 118.

[244] Alexopoulos I, Kounetas K, Tzelepis D. Environmental and financial performance. is there a win - win or a win - loss situation? Evidence from the Greek manufacturing [J]. Journal of Cleaner Production, 2018, 197: 1275 - 1283.

[245] Capraro V, Jordan J J, Rand D G. Cooperation increases with the benefit - to - cost ratio in one - shot prisoner's dilemma experiments [J]. SSRN Electronic Journal, 2014. 10. 2139/ ssrn. 2429862.

[246] Abel A. The effects of q and cash flow on investment in the presence of measurement error [J]. Journal of Financial Economics, 2017, 128: 363 - 377.

[247] Sun Q, Mindy Z M. Financing intangible capital [J]. Journal of Financial Economics, 2018, 133: 564 - 588.

[248] Warusawitharana M. Research and development, profits, and firm value: a structural estimation [J]. Quantitative Economics, 2015, 6: 531 - 565.

[249] Chen W, Hu Z H. Using evolutionary game theory to study governments and manufacturers' behavioral strategies under various carbon taxes and subsidies [J]. Journal of Cleaner Production, 2018, 201: 123 - 141.

[250] Li C, Zhang F, Cao C, et al. Organizational coordination in sustainable humanitarian supply chain: An evolutionary game approach [J]. Journal of Cleaner Production, 2019, 219: 291 - 303.

[251] Friedman D. On economic applications of evolutionary game theory [J]. Journal of Evolutionary Economics, 1998, 8: 15 - 43.

[252] Ghisetti C, Rennings K. Environmental innovations and profitability: how does it pay to be green? an empirical analysis on the German innovation survey [J]. Journal of Cleaner Production, 2014, 75: 106 - 117.

[253] Marcon A, De Medeiros J F, Ribeiro J L D. Innovation and environmentally sustainable economy: identifying the best practices developed by multinationals in brazil [J]. Journal of Cleaner Production, 2017, 160: 83 - 97.

[254] Stoughton N M, Zechner J. Optimal capital allocation using raroc? and eva? [J]. Journal of Financial Intermediation, 2007, 16: 312 - 342.

[255] Bolton P, Chen H, Wang N. A unified theory of tobin's [J]. The Journal of Finance, 2011, 66: 1545 - 1578.

［256］ Yang D，Chen Z，Yang Y，et al. Green financial policies and capital flows ［J］. Physica A，2019，522：135－146.

［257］ Delis M D，Kouretas G P. Interest rates and bank risk－taking ［J］. Journal of Banking & Finance，2011，35：840－855.

［258］ 周杰普．论我国绿色信贷法律制度的完善 ［J］．东方法学，2017（2）：72－80.

［259］ 刘雁翎，安喜芬．大数据语境下我国互联网绿色信贷制度的建构——基于国外经验的借鉴 ［J］．环境保护，2017，45（7）：73－77.

［260］ Turner A. Credit creation and social optimality ［J］. International Review of Financial Analysis，2012，25（6）：142－153.

［261］ Beck T，Demirgüç－Kunt A，Maksimovic V. Financial and legal constraints to growth：Does firm size matter? ［J］. The Journal of Finance，2005，60（1）：137－177.

［262］ Arping S，Gyöngyi L，Morrison A D. Public initiatives to support entrepreneurs：Credit guarantees versus co－funding ［J］. Journal of Financial Stability，2010，6（1）：26－35.

［263］ Cowan K，Drexler A，Yañez Á. The effect of credit guarantees on credit availability and delinquency rates ［J］. Journal of Banking & Finance，2015，59：98－110.

［264］ Jensen H，Ravn S H，Santoro E. Changing credit limits，changing business cycles ［J］. European Economic Review，2018，102：211－239.

［265］ Honohan P. Partial credit guarantees：Principles and practice ［J］. Journal of Financial Stability，2010，6（1）：1－9.

［266］ Bethune Z，Hu T W，Rocheteau G. Indeterminacy in credit economies ［J］. Journal of Economic Theory，2018，175：556－584.

［267］ Gerring J. What Is a Case Study and What Is It Good for? ［J］. American Political Science Review，2004，98（2）：341－354.

［268］ Gibbert M，Ruigrok W，Wicki B. What passes as a rigorous case study? ［J］. Strategic Management Journal，2008，29（13）：1465－1474.

［269］ Miles M B，Huberman A M. Qualitative Data Analysis：An Expanded Sourcebook ［M］. London：Sage，1994.

［270］ Gioia D A，Corley K G，& Hamilton A L. Seeking Qualitative Rigor in

Inductive Research: Notes on the Gioia Methodology [J]. Organizational Research Methods, 2013, 16: 15-31.

[271] 黄子健，王龑，张文中. 大数定律、互联网金融：破解小微企业信贷信用缺失 [J]. 经济体制改革，2015 (1): 163-168.

[272] Alnajjar B, Elgammal M. Innovation and credit ratings, does it matter? UK evidence [J]. Applied Economics Letters, 2013, 20 (5): 428-431.

[273] 秦凤鸣. 信用评级悖论与利益博弈研究述评 [J]. 经济学动态，2011 (4): 151-155.

[274] Beck T, Klapper L F, Mendoza J C. The typology of partial credit guarantee funds around the world [J]. Journal of Financial Stability, 2010, 6 (1): 10-25.

[275] 彭雪蓉，黄学. 企业生态创新影响因素研究前沿探析与未来研究热点展望 [J]. 外国经济与管理，2013, 35 (9): 61-71.

[276] 罗志华，黄亚光. 西方中小企业融资担保体系运行机制研究：一个文献综述 [J]. 经济体制改革，2017 (2): 163-170.

附录一

制造业细分行业的划分

代号	行业名称	备注
1	食品加工业	包含《中国工业经济统计年鉴》和《中国统计年鉴》中的“农副食品加工业”和“食品制造业”
2	酒、饮料和精制茶制造业	替代《中国工业经济统计年鉴》和《中国统计年鉴》中的“饮料制造业”
3	烟草制品业	替代《中国工业经济统计年鉴》和《中国统计年鉴》中的“烟草加工业”
4	纺织业	
5	服装及其他纤维制造业	替代《中国工业经济统计年鉴》中的“缝纫业”；替代《中国统计年鉴》中的“纺织服装、鞋、帽制造业”/“纺织服装、服饰业”
6	皮革、毛皮、羽毛（绒）及其制品业	替代《中国工业经济统计年鉴》中的“皮革、毛皮及其制品业”
7	木材加工及木、竹、藤、棕、草制品业	
8	家具制造业	
9	造纸和纸制品业	
10	印刷和记录媒介复制业	替代《中国工业经济统计年鉴》中的“印刷业”
11	文教、工美、体育和娱乐用品制造业	包含《中国统计年鉴》和《中国工业经济统计年鉴》中的“文教体育用品制造业”和“工艺品及其他制造业”
12	石油加工及炼焦业	包含《中国工业经济统计年鉴》中的“石油加工业”和“炼焦、煤气及煤制品业”；替代《中国统计年鉴》中的“石油加工、炼焦及核燃料加工业”

续表

代号	行业名称	备注
13	化学原料和化学制品制造业	替代《中国工业经济统计年鉴》中的“化学工业”
14	医药制造业	替代《中国工业经济统计年鉴》中的“医药工业”
15	化学纤维制造业	替代《中国工业经济统计年鉴》中的“化学纤维工业”
16	橡胶和塑料制品业	包含《中国工业经济统计年鉴》和《中国统计年鉴》中的“橡胶制品业”和“塑料制品业”
17	非金属矿物制品业	替代《中国工业经济统计年鉴》中的“建筑材料及其他非金属矿物制品业”
18	黑色金属冶炼及压延加工业	
19	有色金属冶炼及压延加工业	
20	金属制品业	
21	设备制造业	包含《中国工业经济统计年鉴》和《中国统计年鉴》中的“通用设备制造业”/“普通机械制造业”和“专用设备制造业”；替代《中国工业经济统计年鉴》中的“机械工业”
22	交通运输设备制造业	包含《中国工业经济统计年鉴》和《中国统计年鉴》中的“汽车制造业”和“铁路、船舶、航空航天和其他运输设备制造业”
23	电气机械及器材制造业	
24	通信设备、计算机及其他电子设备制造业	替代《中国工业经济统计年鉴》和《中国统计年鉴》中的“电子及通信设备制造业”或“计算机、通信和其他电子设备制造业”
25	仪器仪表及文化、办公用机械制造业	替代《中国统计年鉴》中的“电子仪表及文化、办公用机械制造业”；替代《中国工业经济统计年鉴》中的“仪器仪表及其他计量器具制造业”/“仪器仪表制造业”

附录二

调查问卷

构念		题项	得分				
绿色信贷（GC）		GC1：申请银行贷款的难度是否降低？	1	2	3	4	5
		GC2：贷款的利率是否降低？	1	2	3	4	5
		GC3：贷款的还款期限是否延长？	1	2	3	4	5
		GC4：贷款额度是否变大？	1	2	3	4	5
生态组织创新（EOGI）	生态文化构建（EOGI1）	EOGI11：是否频繁举办环保主题活动？	1	2	3	4	5
		EOGI12：是否扩大每年社会责任报告的更新范围？	1	2	3	4	5
		EOGI13：是否频繁举办与创新相关的活动？	1	2	3	4	5
	管理方法创新（EOGI2）	EOGI21：是否真正重视了精益生产、清洁生产等生产模式的实施？	1	2	3	4	5
		EOGI22：是否真正落实了5S管理、定置管理、目视管理等现场管理方式？	1	2	3	4	5
		EOGI23：是否加快了持续改善的频率？	1	2	3	4	5
	管理制度优化（EOGI3）	EOGI31：是否真正落实了ISO14000或EMAS等环境管理体系？	1	2	3	4	5
		EOGI32：是否真正落实了ISO9000等质量管理体系？	1	2	3	4	5
		EOGI33：是否真正落实了管理体系的内审？	1	2	3	4	5
生态产品创新（EPDI）	概念设计创新（EPDI1）	EPDI11：是否在产品设计时加大了应用TRIZ等理论所占的比重？	1	2	3	4	5
		EPDI12：是否在产品设计时加大了考虑人机工程学因素所占的比重？	1	2	3	4	5
		EPDI13：是否加大了易分解、环保、清洁、可再生等材料在产品设计中占的比重？	1	2	3	4	5

续表

构念		题项	得分				
生态产品创新（EPDI）	结构设计创新（EPDI2）	EPDI21：是否重视 Pro－E、UG 等 CAD 软件的使用程度？	1	2	3	4	5
		EPDI22：是否增加了可回收的零部件在产品中所占的比例？	1	2	3	4	5
		EPDI23：是否增大了产品结构简化的幅度？	1	2	3	4	5
	功能设计创新（EPDI3）	EPDI31：是否延长了产品的生命周期？	1	2	3	4	5
		EPDI32：是否加快了简化产品包装的更新周期？	1	2	3	4	5
		EPDI33：是否加大了与节能环保相关的专利申请数量？	1	2	3	4	5
生态过程创新（EPCI）	规程设计（EPCI1）	EPCI11：是否加大了 CAPP 在工艺设计里占的比重？	1	2	3	4	5
		EPCI12：是否因为考虑环境因素而加快了更新工艺过程的频率？	1	2	3	4	5
		EPCI13：是否加大了新能源或清洁能源在企业能源消耗里所占的比重？	1	2	3	4	5
		EPCI14：是否在工序设计时减少了能源消耗？	1	2	3	4	5
	装备设计（EPCI2）	EPCI21：是否加大了 CAE 在工艺装备设计里所占的比重？	1	2	3	4	5
		EPCI22：是否因为考虑环境因素而加快了更换或改进工艺装备的频率？	1	2	3	4	5
		EPCI23：是否加大了节能装备或减排装备在工艺装备中占的比重？	1	2	3	4	5
	过程改善（EPCI3）	EPCI31：是否加大了 CAM 在过程改善里占的比重？	1	2	3	4	5
		EPCI32：是否加大了工业工程方法在过程优化过程里的重视程度？	1	2	3	4	5
		EPCI33：是否落实了产品逆向回收和再制造的实施？	1	2	3	4	5
		EPCI34：是否真正重视了对绿色供应链评估和优化？	1	2	3	4	5

续表

构念	题项	得分				
环境绩效（ENP）	ENP1：产品的能源效率标准（产品的使用能耗）是否降低？	1	2	3	4	5
	ENP2：单位产品的能耗（生产单位产品的能耗）是否减少？	1	2	3	4	5
	ENP3：废水、废气和废渣的排放变化是否减少？	1	2	3	4	5
经济绩效（ECP）	ECP1：企业净利润是否增加？	1	2	3	4	5
	ECP2：企业总资产收益率是否增大？	1	2	3	4	5
	ECP3：企业净资产收益率是否增大？	1	2	3	4	5

附录三

总方差解释

成分	初始特征值			提取平方和载入			旋转平方和载入
	合计	方差的 %	累积 %	合计	方差的 %	累积 %	合计
1	15.448	39.611	39.611	15.448	39.611	39.611	11.234
2	5.630	14.437	54.047	5.630	14.437	54.047	10.971
3	4.588	11.763	65.811	4.588	11.763	65.811	10.235
4	2.300	5.897	71.708	2.300	5.897	71.708	3.892
5	1.771	4.541	76.249	1.771	4.541	76.249	8.708
6	1.371	3.514	79.763	1.371	3.514	79.763	5.086
7	.658	1.688	81.451				
8	.589	1.509	82.960				
9	.553	1.418	84.378				
10	.511	1.310	85.688				
11	.411	1.053	86.741				
12	.404	1.037	87.778				
13	.355	.909	88.687				
14	.350	.898	89.584				
15	.307	.788	90.373				
16	.292	.748	91.120				
17	.267	.683	91.804				
18	.262	.672	92.476				
19	.240	.617	93.092				
20	.217	.557	93.649				
21	.205	.526	94.175				
22	.203	.520	94.695				

续表

成分	初始特征值			提取平方和载入			旋转平方和载入
	合计	方差的 %	累积 %	合计	方差的 %	累积 %	合计
23	.190	.488	95.184				
24	.181	.465	95.649				
25	.175	.449	96.097				
26	.154	.396	96.493				
27	.150	.386	96.879				
28	.136	.347	97.227				
29	.131	.337	97.564				
30	.126	.322	97.886				
31	.121	.310	98.196				
32	.111	.284	98.480				
33	.102	.262	98.742				
34	.098	.251	98.993				
35	.092	.236	99.229				
36	.087	.222	99.451				
37	.084	.215	99.666				
38	.069	.177	99.843				
39	.061	.157	100.000				

附录四

因子成分矩阵

	旋转前						旋转后					
	1	2	3	4	5	6	1	2	3	4	5	6
GC1	0.284	0.031	0.091	0.680	0.044	0.246	-0.008	-0.020	0.009	**0.779**	-0.016	0.070
GC2	0.276	0.044	0.066	0.691	-0.021	0.244	-0.022	-0.004	0.028	**0.788**	-0.001	-0.006
GC3	0.258	-0.006	0.129	0.671	-0.115	0.221	0.065	-0.096	0.064	**0.760**	0.024	-0.104
GC4	0.320	-0.007	-0.070	0.662	0.043	0.237	-0.024	0.157	-0.096	**0.753**	-0.007	0.047
EOGI11	0.678	0.050	-0.570	-0.080	0.067	0.044	0.011	**0.898**	-0.050	-0.034	0.007	0.047
EOGI12	0.667	0.093	-0.522	-0.019	0.099	0.013	-0.042	**0.828**	-0.043	0.007	0.066	0.091
EOGI13	0.686	0.089	-0.559	-0.046	0.093	0.026	-0.035	**0.884**	-0.044	-0.012	0.043	0.080
EOGI21	0.705	0.103	-0.567	-0.035	-0.014	0.073	-0.013	**0.907**	0.034	0.027	0.004	-0.038
EOGI22	0.698	0.100	-0.576	-0.079	-0.020	0.062	-0.006	**0.918**	0.038	-0.020	0.000	-0.046
EOGI23	0.704	0.075	-0.566	-0.058	0.022	0.061	0.008	**0.905**	0.000	-0.002	0.004	0.000
EOGI31	0.696	0.099	-0.577	-0.048	-0.025	0.139	0.000	**0.941**	0.058	0.051	-0.084	-0.055
EOGI32	0.687	0.082	-0.608	-0.082	-0.047	0.084	0.002	**0.951**	0.026	-0.012	-0.027	-0.084
EOGI33	0.681	0.070	-0.554	-0.065	0.013	0.103	0.020	**0.900**	0.019	0.014	-0.053	-0.012
EPDI11	0.622	0.540	0.392	-0.041	-0.100	0.027	-0.023	-0.093	**0.902**	0.035	0.075	0.021
EPDI12	0.629	0.522	0.371	-0.067	-0.114	0.100	0.009	-0.038	**0.923**	0.051	-0.025	0.000
EPDI13	0.638	0.521	0.319	-0.115	-0.119	0.084	0.003	0.023	**0.909**	-0.004	-0.021	-0.012
EPDI21	0.651	0.476	0.279	-0.108	-0.135	0.088	0.035	0.062	**0.864**	0.004	-0.022	-0.037
EPDI22	0.603	0.518	0.375	-0.101	-0.095	0.092	0.007	-0.047	**0.914**	0.013	-0.034	0.019
EPDI23	0.634	0.541	0.355	-0.111	-0.110	0.053	-0.011	-0.026	**0.925**	-0.016	0.019	0.006
EPDI31	0.615	0.509	0.252	-0.089	-0.059	0.082	-0.045	0.081	**0.816**	0.013	-0.018	0.043
EPDI32	0.650	0.507	0.298	-0.169	-0.088	0.059	0.014	0.051	**0.885**	-0.068	-0.013	0.022
EPDI33	0.671	0.502	0.277	-0.104	-0.138	0.030	0.008	0.050	**0.867**	-0.023	0.057	-0.035

续表

	旋转前						旋转后					
	1	2	3	4	5	6	1	2	3	4	5	6
EPCI11	0.647	-0.531	0.311	-0.102	-0.028	0.004	**0.923**	-0.123	0.052	-0.047	0.005	0.033
EPCI12	0.678	-0.525	0.148	-0.167	-0.019	0.029	**0.880**	0.084	0.001	-0.097	-0.045	0.022
EPCI13	0.636	-0.554	0.267	-0.095	-0.037	0.038	**0.927**	-0.073	0.021	-0.024	-0.037	0.013
EPCI14	0.749	-0.485	0.039	-0.060	-0.103	0.016	**0.815**	0.194	-0.010	-0.004	0.036	-0.079
EPCI21	0.597	-0.545	0.308	0.015	-0.009	0.037	**0.885**	-0.149	-0.014	0.076	-0.001	0.046
EPCI22	0.639	-0.553	0.230	-0.057	-0.013	0.077	**0.904**	-0.022	-0.008	0.030	-0.073	0.033
EPCI23	0.723	-0.519	0.082	-0.027	-0.078	0.000	**0.837**	0.124	-0.049	0.017	0.058	-0.048
EPCI31	0.607	-0.567	0.305	-0.046	-0.019	0.049	**0.928**	-0.129	0.003	0.026	-0.039	0.035
EPCI32	0.730	-0.546	0.121	-0.037	-0.066	0.014	**0.883**	0.091	-0.041	0.017	0.034	-0.031
EPCI33	0.684	-0.498	0.216	-0.029	-0.039	0.024	**0.855**	-0.014	0.021	0.030	0.018	0.011
EPCI34	0.759	-0.486	0.116	-0.063	-0.068	-0.012	**0.842**	0.110	0.009	-0.019	0.066	-0.027
ENP1	0.624	0.139	0.060	-0.020	0.616	-0.050	0.022	0.239	0.039	-0.020	0.072	**0.747**
ENP2	0.453	0.111	0.241	0.036	0.768	-0.018	0.011	-0.003	-0.015	0.042	0.008	**0.925**
ENP3	0.324	0.112	0.343	-0.042	0.777	-0.002	0.019	-0.134	0.030	-0.025	-0.062	**0.939**
ECP1	0.685	0.124	-0.029	0.285	-0.077	-0.599	-0.002	-0.001	0.008	-0.021	**0.973**	-0.012
ECP2	0.716	0.115	-0.034	0.313	-0.081	-0.547	0.021	0.029	0.021	0.035	**0.922**	-0.018
ECP3	0.677	0.142	-0.003	0.303	-0.061	-0.609	-0.020	-0.035	0.015	-0.008	**0.990**	0.010

附录五

根据公式（4.4），企业的价值函数为：

$$V_t = \mathrm{E}_t \int_t^{\infty} [\pi(\theta_s, K_s) - \varphi_{ina}(I_{s,ina}, K_s) - \varphi_{fia}(I_{s,fia}, K_s)] e^{-\tau(s-t)} ds$$

可以写成一段时间内利润的现值 v，加上当时价值函数的现值（Abel等，1994）

$$V_t = E_t \int_t^{v} [\pi(\theta_s, K_s) - \varphi_{ina}(I_{s,ina}, K_s) - \varphi_{fia}(I_{s,fia}, K_s)] e^{-\tau(s-t)} ds + V_v e^{-\tau(v-t)} \tag{E.1}$$

定义 $Z_t \equiv V_t e^{-\tau t}$，两边同时减去 V_t，并同时除以 v，求 v 趋向 t 的极限，可得：

$$0 = \lim_{v \to t} \left\{ \frac{1}{v} E_t \int_t^{v} [\pi(\theta_s, K_s) - \varphi_{ina}(I_{s,ina}, K_s) - \varphi_{fia}(I_{s,fia}, K_s)] e^{-\tau(s-t)} ds + \frac{e^{\tau t} E_t(Z_v - Z_t)}{v} \right\} \tag{E.2}$$

记 $\lim\limits_{v \to t} E_t(Z_v - Z_t) = E(dZ)$，$dZ = -\tau Z dt + e^{-\tau t} dV$，有：

$$\pi(\theta, K) - \varphi_{ina}(I_{ina}, K) - \varphi_{fia}(I_{fia}, K) - \tau V + \frac{E(dV)}{dt} = 0 \tag{E.3}$$

因此，可以得到公式（4.6）。

附录六

根据公式（4.10）和公式（4.11），有：

$$dK_t = (I_{t,ina} + I_{t,fia} - \delta_{ina}K_{t,ina} - \delta_{fia}K_{t,fia})dt \tag{F.1}$$

有 $d\theta_t = [\lambda(\mu - \theta_t) + j_t J_\theta \theta_t]dt + \sigma_\theta dW_t^\theta$，因此，可以根据伊藤引理（Ito's lemma）计算 dV 如下：

$$dV = \frac{\partial V}{\partial \theta}d\theta + \frac{\partial V}{\partial K}dK + \frac{1}{2}\frac{\partial^2 V}{\partial \theta^2}(d\theta)^2 + \frac{1}{2}\frac{\partial^2 V}{\partial K^2}(dK)^2 + \frac{\partial^2 V}{\partial \theta \partial K}d\theta dK \tag{F.2}$$

将公式（F.1）和公式（4.12）代入（F.2），令 $V_\theta = \frac{\partial V}{\partial \theta}$，$V_K = \frac{\partial V}{\partial K}$，$V_{\theta,\theta} = \frac{\partial^2 V}{\partial \theta^2}$，有：

$$dV_t = \left\{ V_\theta[\lambda(\mu - \theta_t) + J_\theta] + V_K(I_{t,ina} + I_{t,fia} - \delta_{ina}K_{t,ina} - \delta_{fia}K_{t,fia}) + \frac{1}{2}V_{\theta,\theta}\sigma_\theta^2 \right\}dt + V_\theta \sigma_\theta dW_t^\theta \tag{F.3}$$

$$\frac{E(dV_t)}{dt} = (I_{t,ina} + I_{t,fia} - \delta_{ina}K_{t,ina} - \delta_{fia}K_{t,fia})V_K + [\lambda(\mu - \theta_t) + J_\theta]V_\theta + \frac{1}{2}\sigma_\theta^2 V_{\theta,\theta} \tag{F.4}$$

将公式（F.4）代入（4.6），有：

$$V_t = \frac{1}{\tau}\left[\begin{array}{l} \theta_t K_t - r_t(I_{t,ina} + I_{t,fia}) - \frac{\rho_{ina}I_{t,ina}^2}{2K_t} - \frac{\rho_{fia}I_{t,fia}^2}{2K_t} + [\lambda(\mu - \theta_t) + J_\theta]V_\theta \\ + (I_{t,ina} + I_{t,fia} - \delta_{ina}K_{t,ina} - \delta_{fia}K_{t,fia})V_K + \frac{1}{2}\sigma_\theta^2 V_{\theta,\theta} \end{array} \right] \tag{F.5}$$

根据 Tobin－q 理论，企业价值 $V = Kq$，因此有 $V_K = q$。q 是企业的托宾 q。将公式（F.5）代入（4.9），可以得到：

$$\max F_t =$$

$$\max_{I_{t,ina},I_{t,fia}}\left\{(1-\beta)\frac{1}{\tau}\left[\begin{array}{l}\theta_t K_t - r_t\ (I_{t,ina}+I_{t,fia})\ -\dfrac{\rho_{ina}I_{t,ina}^2}{2K_t}-\\ \dfrac{\rho_{fia}I_{t,fia}^2}{2K_t}+[\lambda\ (\mu-\theta_t)\ +J_\theta]V_\theta+\\ (I_{t,ina}+I_{t,fia}-\delta_{ina}K_{t,ina}-\delta_{fia}K_{t,fia})\\ V_K+\dfrac{1}{2}\sigma_\theta^2 V_{\theta,\theta}\end{array}\right]+\beta(\eta_{ina}I_{t,ina}+\eta_{fia}I_{t,fia})\right\} \tag{F.6}$$

将公式（F.6）对 $I_{t,ina}$ 和 $I_{t,fia}$ 求偏微分，可以得到情景 I 下最优授信额度如下：

$$I_{1,ina}^* = \frac{K}{\rho_{ina}}\left(q - r_g + \frac{\tau\beta\eta_{ina}}{1-\beta}\right)$$

$$I_{1,fia}^* = \frac{K}{\rho_{fia}}\left(q - r_g + \frac{\tau\beta\eta_{fia}}{1-\beta}\right)$$

将 $I_{1,ina}^*$ 和 $I_{1,fia}^*$ 代入公式（F.5），可以得到最大的企业价值为：

$$V_1^* = \frac{1}{\tau}\left[\begin{array}{l}\dfrac{K(\rho_{ina}+\rho_{fia})(q-r_g)^2}{2\rho_{ina}\rho_{fia}} - \dfrac{K(\eta_{ina}^2\rho_{fia}+\eta_{fia}^2\rho_{ina})}{2\rho_{ina}\rho_{fia}}\left(\dfrac{\tau\beta}{1-\beta}\right)^2 + J_\theta V_\theta\\ +\theta K - (\delta_{ina}K_{ina}+\delta_{fia}K_{fia})q + \lambda(\mu-\theta)V_\theta + \dfrac{1}{2}\sigma_\theta^2 V_{\theta,\theta}\end{array}\right]$$

其他情景下最优投资与最大价值的计算过程与之相似。